El Zarco

Altamirano, Ignacio Manuel

Publicado: 1869
Categoría(s): Ficción

Acerca Altamirano:

Nació en la población de Tixtla, Guerrero, en el seno de una familia de raza indígena pura, su padre tenía una posición de mando entre la etnia de los chontales. En el año de 1848 su padre fue nombrado alcalde de Tixtla y eso permitió al joven Ignacio Manuel, que a la sazón contaba con 14 años, la oportunidad de asistir a la escuela. Aprendió a leer y a escribir, así como aritmética en su ciudad natal. Realizó sus primeros estudios en la ciudad de Toluca, gracias a una beca que le fue otorgada por Ignacio Ramírez, de quien fue discípulo. Recibió cátedra en el Instituto Literario de Toluca. Cursó derecho en el Colegio de San Juan de Letrán. Perteneció a asociaciones académicas y literarias como el Conservatorio Dramático Mexicano, la Sociedad Nezahualcóyotl, la Sociedad Mexicana de Geografía y Estadística, el Liceo Hidalgo, el Club Álvarez. Gran defensor del liberalismo, tomó parte en la revolución de Ayutla en 1854 contra el santanismo, más tarde en la guerra de Reforma y combatió contra la invasión francesa. Después de este periodo de conflictos militares, Altamirano se dedicó a la docencia, trabajando como maestro en la Escuela Nacional Preparatoria, en la de Comercio y en la Nacional de Maestros; también trabajó en la prensa, en donde junto con Guillermo Prieto e Ignacio Ramírez fundó el Correo de México y con Gonzalo Esteva la revista literaria El Renacimiento, en la que colaboran escritores de todas las tendencias literarias, cuyo objetivo era hacer resurgir las letras mexicanas. Fundó varios periódicos y revistas como: El Correo de México, El Renacimiento, El Federalista, La Tribuna y La República. En la actividad pública, se desempeñó como diputado en el Congreso de la Unión en tres periodos, durante los cuales abogó por la instrucción primaria gratuita, laica y obligatoria. Fue también procurador General de la República, fiscal, magistrado y presidente de la Suprema Corte, así como oficial mayor del Ministerio de Fomento. También trabajó en el servicio diplomático mexicano, desempeñándose como cónsul en Barcelona y París.

También disponible de Altamirano:

- *Navidad en las montañas* (1871)
- *Cuentos de invierno* (1880)
- *Clemencia* (1869)

Capítulo 1

Yautepec

Yautepec es una población de tierra caliente, cuyo caserío se esconde en un bosque de verdura.

De lejos, ora se llegue de Cuernavaca por el camino quebrado de *las Tetillas*, que serpentea en medio de dos colinas rocallosas cuya forma les ha dado nombre, ora descienda de la fría y empinada sierra de Tepoztlán, por el lado Norte, o que se descubra por el sendero llano que viene del valle de Amilpas por el Oriente, atravesando las ricas y hermosas haciendas de caña de Cocoyoc, Calderón, Casasano y San Carlos, siempre se contempla a Yautepec como un inmenso bosque por el que sobresalen apenas las torrecillas de su iglesia parroquial.

De cerca, Yautepec presenta un aspecto original y pintoresco. Es un pueblo mitad oriental y mitad americano. Oriental, porque los árboles que forman ese bosque de que hemos hablado son naranjos y limoneros, grandes, frondosos, cargados siempre de frutos y de azahares que embalsaman la atmósfera con sus aromas embriagadores. Naranjos y limoneros por donde quiera, con extraordinaria profusión. Diríase que allí estos árboles son el producto espontáneo de la tierra; tal es la exuberancia con que se dan, agrupándose, estorbándose, formando ásperas y sombrías bóvedas en las huertas grandes o pequeñas que cultivan todos los vecinos, y rozando con sus ramajes de un verde brillante y oscuro y cargados de pomas de oro los aleros de teja o de bálago de las casas. Mignon no extrañaría su patria, en Yautepec, donde los naranjos y limoneros florecen en todas las estaciones.

Verdad es que este conjunto oriental se modifica en parte por la mezcla de otras plantas americanas, pues los bananos suelen mostrar allí sus esbeltos troncos y sus anchas hojas, y los mameyes y otras zapotáceas elevan sus enhiestas copas sobre los bosquecillos, pero los naranjos y limoneros dominan por su abundancia. En 1854, perteneciendo todavía Yautepec al Estado de México, se hizo un recuento de estos árboles en esta población, y se encontró con que había más de quinientos mil. Hoy, después de veinte años, es natural que se hayan duplicado y triplicado. Los vecinos viven casi exclusivamente del producto de estos preciosos frutales, y antes de que existiera el ferrocarril de Veracruz, ellos surtían únicamente de naranjas y limones a la ciudad de México.

Por lo demás, el aspecto del pueblo es semejante al de todos los de las tierras calientes de la República. Algunas casas de azotea pintadas de colores chillantes, las más de tejados oscuros y salpicados con las manchas cobrizas de la humedad, muchísimas de paja o de palmeras de la tierra fría, todas amplias, cercadas de paredes de adobe, de árboles o de piedras; alegres, surtidas abundantemente de agua, nadando en flores y cómodas, aunque sin ningún refinamiento moderno.

Un río apacible de linfas transparentes y serenas que no es impetuoso más que en las crecientes del tiempo de lluvias, divide el pueblo y el bosque, atravesando la plaza, lamiendo dulcemente aquellos cármenes y dejándose robar sus aguas por numerosos *apantles* que las dispersan en todas direcciones. Ese río es verdaderamente el dios fecundador de la comarca y el padre de los dulces frutos que nos refrescan, durante los calores del estío, y que alegran las fiestas populares en México en todo el año.

La población es buena, tranquila, laboriosa, amante de la paz, franca, sencilla y hospitalaria. Rodeada de magníficas haciendas de caña de azúcar, mantiene un activo tráfico con ellas, así como con Cuernavaca y Morelos, es el centro de numerosos pueblecillos de indígenas, situados en la falda meridional de la cordillera que divide la tierra caliente del valle de México, y con la metrópoli de la República a causa de los productos de sus inmensas huertas de que hemos hablado.

En lo político y administrativo, Yautepec, desde que pertenecía al Estado de México, fue elevándose de un rango subalterno y dependiente de Cuernavaca, hasta ser cabecera de distrito, carácter que conserva todavía. No ha tomado parte activa en las guerras civiles y ha sido las más veces víctima de ellas, aunque ha sabido reponerse de sus desastres, merced a sus inagotables recursos y a su laboriosidad. El río y los árboles frutales son su tesoro; así es que los facciosos, los partidarios y los bandidos, han podido arrebatarle frecuentemente sus rentas, pero no han logrado mermar ni destruir su capital.

La población toda habla español, pues se compone de razas mestizas. Los indios puros han desaparecido allí completamente.

Capítulo 2

El terror

Apenas acababa de ponerse el sol, un día de agosto de 1861, y ya el pueblo de Yautepec parecía estar envuelto en las sombras de la noche. Tal era el silencio que reinaba en él. Los vecinos, que regularmente en estas bellas horas de la tarde, después de concluir sus tareas diarias, acostumbraban siempre salir a respirar el ambiente fresco de las calles, o a tomar un baño en las pozas y remansos del río o a discurrir por la plaza o por las huertas, en busca de solaz, hoy no se atrevían a traspasar los dinteles de su casa, y por el contrario, antes de que sonara en el campanario de la parroquia el toque de oración, hacían sus provisiones de prisa y se encerraban en sus casas, como si hubiese epidemia, palpitando de terror a cada ruido que oían.

Y es que a esas horas, en aquel tiempo calamitoso, comenzaba para los pueblos en que no había una fuerte guarnición, el peligro de un asalto de bandidos con los horrores consiguientes de matanza, de raptos, de incendio y de exterminio. Los bandidos de la tierra caliente eran sobre todo crueles. Por horrenda e innecesaria que fuere una crueldad, la cometían por instinto, por brutalidad, por el solo deseo de aumentar el terror entre las gentes y divertirse con él.

El carácter de aquellos *plateados* (tal era el nombre que se daba a los bandidos de esa época) fue una cosa extraordinaria y excepcional, una explosión de vicio, de crueldad y de infamia que no se había visto jamás en México.

Así, pues, el vecindario de Yautepec, como el de todas las poblaciones de la tierra caliente, vivía en esos tiempos siempre medroso, tomando durante el día la precaución de colocar vigías en las torres de sus iglesias, para que diesen aviso oportuno de la llegada de alguna partida de bandoleros a fin de defenderse en la plaza, en alguna altura, o de parapetarse en sus casas. Pero durante la noche, esa precaución era inútil, como también lo era el apostar escuchas o avanzadas en las afueras de la población, pues se habría necesitado ocupar para ello a numerosos vecinos inermes que, aparte del riesgo que corrían de ser sorprendidos, eran insuficientes para vigilar los muchos caminos y veredas que conducían al poblado y que los bandidos conocían perfectamente.

Además, hay que advertir que los *plateados* contaban siempre con muchos cómplices y emisarios dentro de las poblaciones y de las haciendas, y que las pobres autoridades, acobardadas por falta de elementos de defensa, se veían obligadas, cuando llegaba la ocasión, a entrar en transacciones con ellos, contentándose con ocultarse o con huir para salvar la vida.

Los bandidos, envalentonados en esta situación, fiados en la dificultad que tenia el gobierno para perseguirlos, ocupado como estaba en combatir la guerra civil, se habían organizado en grandes partidas de cien, doscientos y hasta quinientos hombres, y así recorrían impunemente toda la comarca, viviendo sobre el país, imponiendo fuertes contribuciones a las haciendas y a los pueblos, estableciendo por su cuenta peajes en los caminos y poniendo en práctica todos los días, el *plagio*, es decir, el secuestro de personas, a quienes no soltaban sino mediante un fuerte rescate. Este crimen, que más de una vez ha sembrado el terror en México, fue introducido en nuestro país por el español Cobos, jefe clerical de espantosa nombradía y que pagó al fin sus fechorias en el suplicio.

A veces los *plateados* establecían un centro de operaciones, una especie de cuartel general, desde donde uno o varios jefes ordenaban los asaltos y los plagios y dirigían cartas a los hacendados y a los vecinos acomodados pidiendo dinero, cartas que era preciso obsequiar so pena de perder la vida sin remedio. Allí también solían tener los escondites en que encerraban a los *plagiados*, sometiéndolos a los más crueles tormentos.

Por el tiempo de que estamos hablando, ese cuartel general de bandidos se hallaba en Xochimancas, hacienda antigua y arruinada, no lejos de Yautepec y situada a propósito para evitar una sorpresa.

Semejante vecindad hacía que los pueblos y haciendas del distrito de Yautepec se encontrasen por aquella época bajo la presión de un terror constante.

De manera que así se explica el silencio lúgubre que reinaba en Yautepec en esa tarde de un día de agosto y cuando todo incitaba al movimiento y a la sociabilidad, no habiendo llovido, como sucedía con frecuencia en este tiempo de aguas, ni presentado el cielo aspecto alguno amenazador. Al contrario, la atmósfera estaba limpia y serena; allá en los picos de la sierra de Tepoztlán, se agrupaban algunas nubes teñidas todavía con algunos reflejos violáceos; más allá de los extensos campos de caña que comenzaban a oscurecerse, y de las sombrías masas de verdura y de piedra que señalaban las haciendas, sobre las lejanas ondulaciones de las montañas, comenzaba a aparecer tenue y vaga la luz de la luna, que estaba en su llena.

Capítulo 3

Las dos amigas

En el patio interior de una casita pobre pero de graciosa apariencia, que estaba situada a las orillas de la población y en los bordes del río, con su respectiva huerta de naranjos, limoneros y platanares, se hallaba tomando el fresco una familia compuesta de una señora de edad y de dos jóvenes muy hermosas, aunque de diversa fisonomía.

La una como de veinte años, blanca, con esa blancura un poco pálida de las tierras calientes, de ojos oscuros y vivaces y de boca encarnada y risueña, tenía algo de soberbio y desdeñoso que le venía seguramente del corte ligeramente aguileño de su nariz, del movimiento frecuente de sus cejas aterciopeladas, de lo erguido de su cuello robusto y bellísimo o de su sonrisa más bien burlona que benévola. Estaba sentada en un banco rústico y muy entretenida en enredar en las negras y sed osas madejas de sus cabellos una guirnalda de rosas blancas y de caléndulas rojas.

Diríase que era una aristócrata disfrazada y oculta en aquel huerto de la tierra caliente. Marta o Nancy que huía de la corte para tener una entrevista con su novio. La otra joven tendría diez y ocho años; era morena; con ese tono suave y delicado de las criollas que se alejan del tipo español, sin confundirse con el indio, y que denuncia a la hija humilde del pueblo. Pero en sus ojos grandes, y también oscuros, en su boca, que dibujaba una sonrisa triste siempre que su compañera decía alguna frase burlona, en su cuello inclinado, en su cuerpo frágil y que parecía enfermizo, en el conjunto todo de su aspecto, había tal melancolía que desde luego podía comprenderse que aquella niña tenía un carácter diametralmente opuesto al de la otra.

Ésta colocaba también lentamente y como sin voluntad en sus negras trenzas, una guirnalda de azahares, sólo de azahares, que se había complacido en cortar entre los más hermosos de los naranjos y limoneros, por cuya operación se había herido las manos, lo que le atraía las chanzonetas de su amiga.

—Mira, mamá —dijo la joven blanca, dirigiéndose a la señora mayor que cosía sentada en una pequeña silla de paja, algo lejos del banco rústico—, mira a esta tonta, que no acabará de poner sus flores en toda la tarde; ya se lastimó las manos por el empeño de no cortar más que los azahares frescos y que estaban más altos, y ahora no puede ponérselos en las trenzas... Y es que a toda costa quiere casarse, y pronto.

—¿Yo? —preguntó la morena alzando tímidamente los ojos como avergonzada.

—Sí, tú —replicó la otra—, no lo disimules; tú sueñas con el casamiento; no haces más que hablar de ello todo el día, y por eso escoges los azahares de preferencia. Yo no, yo no pienso en casarme todavía, y me contento con las flores que más me gustan. Además, con la corona de azahares parece que va una a vestirse de muerta. Así entierran a las doncellas.

—Pues tal vez así me enterrarán a mí —dijo la morena—, y por eso prefiero estos adornos.

—¡Oh!, niñas, no hablen de esas cosas —exclamó la señora en tono de represión—. Estan los tiempos como están y hablar ustedes de cosas tristes, es para aburrirse. Tú, Manuela —dijo dirigiéndose a la joven altiva—, deja a Pilar que se ponga las flores que más le cuadren y ponte tú las que te gustan. Al cabo, las dos están bonitas con ellas... y como nadie las ve —añadió, dando un suspiro.

—¡Esa es la lástima! —dijo con expresivo acento Manuela—. Esa es la lástima —repitió—, que si pudiéramos ir a un baile o siquiera asomamos a la ventana... ya veríamos...

—Bonitos están los tiempos —exclamó amargamente la señora—, lindos para andar en bailes o asomarse por las ventanas. ¿Para qué queríamos más fiesta? ¡Jesús nos ampare! ¡Con qué trabajos tenemos para vivir escondidas y sin que sepan los malditos *plateados* que existimos! No veo la hora de que venga mi hermano de México y nos lleve aunque sea a pie. No puede vivirse ya en esta tierra. Me voy a morir de miedo un día de éstos. Ya no es vida. Señor, ya no es vida la que llevamos en Yautepec. Por la mañana, sustos si suena la campana, y a esconderse en la casa del vecino o en la iglesia. Por la tarde, apenas se come de prisa, nuevos sustos si suena la campana o corre la gente; por la noche, a dormir con sobresalto, a temblar a cada tropel, a cada ruido, a cada pisada que se oye en la calle, y a no pegar los ojos en toda la noche si suenan tiros o gritos. Es imposible vivir de esta manera; no se habla más que de robos y asesinatos: que ya se llevaron al monte a don fulano; que ya apareció su cadáver en tal barranca o en tal camino; que hay zopilotera en tal lugar; que ya se fue el señor cura a confesar a fulano que está mal herido; que esta noche entra Salomé Plasencia; que se escondan las familias, que ahí viene el Zarco o *Palo Seco*; y después: que ahí viene la tropa del gobierno, fusilando y amarrando a los vecinos. Díganme ustedes si esto es vida; no: es el infierno...; yo estoy mala del corazón.

La señora concluyó así, derramando gruesas lágrimas, su terrible descripción de la vida que llevaba, y que por desgracia no era sino muy exacta, y aun pálida en comparación de la realidad.

Manuela, que se había puesto encendida cuando oyó hablar del Zarco, se conmovió al oír que la buena señora se quejaba de estar mala del corazón.

—Mamá, tú no me habías dicho que estabas mala del corazón. ¿Te duele de veras? ¿Estás enferma? —le preguntó acercándose con ternura.

—No, hija, enferma no; no tengo nada, pero digo que semejante vida me aflige, me entristece, me desespera y acabará por enfermarme realmente. Lo que es enfermedad, gracias a Dios que no tengo, y ésa es al menos una fortuna que nos ha quedado en medio de tantas desgracias que nos han afligido desde que murió tu padre. Pero al fin, con tantas zozobras, con tantos sustos diarios, con el cuidado que tú me causas, tengo miedo de perder la salud, y en esta población, y teniéndote a ti... Todos me dicen: Doña Antonia, esconda usted a Manuelita o mándela usted mejor a México o a Cuernavaca. Aquí está muy expuesta, es muy bonita, y si la ven los *plateados*, si algunos de sus espías de aquí les dan aviso, son capaces de caer una noche en la población y llevársela. ¡Jesús me acompañe! Todos me dicen esto; el señor cura mismo me lo ha aconsejado; el prefecto, nuestros parientes, no hay un alma bendita que no me diga todos los días lo mismo, y yo estoy sin consuelo, sin saber qué hacer..., sola..., sin más medios de qué vivir que esta huerta de mis pecados, que es la que me tiene aquí, y sin otro amparo que mi hermano a quien ya acabo a cartas, pero que se hace el sordo. Ya ves, hija mía, cuál es la espina que tengo siempre en el corazón y que no me deja ni un momento de descanso. Si mi hermano no viniera, no nos quedaría más que un recurso para libertarnos de la desgracia que nos está amenazando.

—¿Cuál es, mamá? —preguntó Manuela sobresaltada.

—El de casarte, hija mía —respondió la señora con acento de infinita ternura.

—¿Casarme? ¿y con quién?

—¿Cómo con quién? —replicó la madre, en tono de dulce reconvención—. Tú sabes muy bien que Nicolás te quiere, que se consideraría dichoso si le dijeras que sí, que el pobrecito hace más de dos años que viene a vernos día con día, sin que le estorben ni los aguaceros ni los peligros, ni tus desaires tan frecuentes y tan injustos, y todo porque tiene esperanzas de que te convenzas de su cariño, de que te ablandes, de que consientas en ser su esposa...

—¡Ah!, en eso habíamos de acabar, mamacita —interrumpió vivamente Manuela, que desde las últimas palabras de la señora no había disimulado su disgusto—; debí haberlo adivinado desde el principio; siempre me hablas de Nicolás; siempre me propones el casamiento con él, como el único remedio de nuestra mala situación, como si no hubiera otro...

—¿Pero cuál otro, muchacha?

—El de irnos a México con mi tío, el de vivir como hasta aquí, escondiéndonos cuando hay peligro.

—¿Pero tú ves que tu tío no viene, que nosotras no podemos irnos solas a México, que confiarnos a otra persona es peligrosísimo en estos tiempos en que los caminos están llenos de *plateados*, que podrían tener aviso y sorprendernos... porque se sabría nuestro viaje con anticipación?

—Y yéndonos con mi tío ¿no tendríamos el mismo riesgo? —objetó la joven reflexionando.

—Tal vez, pero él tiene interés en nosotras, somos de su familia y procuraría acompañarse de hombres resueltos, quizás aprovecharía el paso de alguna fuerza del gobierno, o la traería de México o de Cuernavaca; guardaría el debido secreto sobre nuestra salida. En fin, la arriesgaría de noche atravesando por

Totolapam o por Tepoztlán; de todos modos, con él iríamos más seguras. Pero ya lo ves, no viene, ni siquiera responde a mis cartas. Sabrá seguramente cómo está este rumbo, y mi cuñada y sus hijos no lo dejarán exponerse. El hecho es que no podemos tener esperanzas en él.

–Pues entonces, mamá, seguiremos como hasta aquí, que éstas no son penas del infierno; algún día acabarán, y mejor me quedaré para vestir santos...

–¡Ojalá que ese fuera el único peligro que corrieras, el de quedarte para vestir santos! –contestó la señora con amargura–; pero lo cierto es que no podemos seguir viviendo así en Yautepec. Estas no son penas del infierno, efectivamente, y aun creo que se acabarán pronto, pero no favorablemente para nosotras. Mira –añadió bajando la voz con cierto misterio–, me han dicho que desde que los *plateados* han venido a establecerse en Xochimancas, y que estamos más inundados que nunca en este rumbo, han visto muchas veces a algunos de ellos, disfrazados, rondar nuestra calle de noche: que ya saben que tú estás aquí, aunque no sales ni a misa; qué han oído mentar tu nombre entre ellos: que los que son sus amigos aquí, han dicho varias veces: *Manuelita ha de parar con los plateado*s. *Un día de estos, Manuelita ha de ir a reamanecer en Xochimancas,* con otras palabras parecidas. Mis comadres, mis parientes, ya te conté, el señor cura mismo me ha encontrado y me ha dicho: Doña Antonia, pero ¿en qué piensa usted que no ha transportado ya a Manuelita a Cuernavaca o a Cuautla, a alguna hacienda grande? Aquí corre mucho riesgo con los malos. Sáquela usted, señora, sáquela usted, o escóndala debajo de la tierra, porque si no, va usted a tener una pesadumbre un día de estos. Ya cada consejo que me dan, me clavan un puñal en el pecho. Ya verás tú si podemos vivir de este modo aquí.

–Pero mamá, si esos son chismes con que quieren asustar a usted. Yo no he visto ningún bulto en nuestra calle de noche, una que otra vez que suelo asomarme y eso de que vinieran los *plateados* a robarme alguna vez, ya usted verá que es difícil; habíamos de tener tiempo de saberlo, de oír algún tropel y podríamos evitarlo fácilmente, huyendo por la huerta hasta la plaza. Desengáñese usted; no contando conmigo, me parece imposible. Sólo que me sorprendieran en la calle, pero como no salgo, ni siquiera voy a misa, sino que me estoy encerrada a piedra y lodo, ¿dónde me habían de ver?

—¡Ay! ¡No, Manuela! Tú eres animosa porque eres muchacha, y ves las cosas de otro modo; pero yo soy vieja, tengo experiencia, veo lo que está pasando y que no había visto yo nunca en los años que tengo de edad, y creo que estos hombres son capaces de todo. Si yo supiera que había aquí tropas del gobierno o que el vecindario tuviera armas para defenderse, estaría yo más tranquila, pero ya tú bien ves que hasta el prefecto y el alcalde se van al monte cuando aparecen los *plateados*, que el vecindario no sabe qué hacer, que si hasta ahora no han asaltado la población es porque se les ha mandado el dinero que han pedido, que hasta yo he contribuido con lo que tenía de mis economías a dar esa cantidad; que no tenemos más refugio que la iglesia o la fuga en lo más escondido de las huertas; ¿qué quieres que hagamos, si un día se vienen a vivir aquí esos bandidos, como han vivido en Xantetelco y como viven hoy en Xochimancas? ¿No ves que hasta los hacendados les mandan dinero para poder trabajar en sus haciendas? ¿No sabes que les pagan el peaje para poder llevar su cargamento a México? ¿No sabes que en las poblaciones grandes como Cuautla y Cuernavaca sólo los vecinos armados son los que se defienden? ¿Tú piensas, quizás, que estos bandidos andan en partidas de diez o de doce? Pues no: andan en partidas de a trescientos y quinientos hombres: hasta traen sus músicas y cañones, y pueden sitiar a las haciendas y a los pueblos. El gobierno les tiene miedo, y estamos aquí como moros sin señor.

—Bueno —replicó Manuelita, no dándose por vencida—, y aun, suponiendo que así sea, mamá, ¿qué lograríamos casándome con Nicolás?

—¡Ah, hija mía!, lograríamos que tomaras estado y que te pusieras bajo el amparo de un hombre de bien.

—Pero si ese hombre de bien no es más que el herrero de la hacienda de Atlihuayan, y si el mismo dueño de la hacienda, que está en México, y que es un señorón, no puede nada contra los *plateados* ¿qué había de poder el herrero, que es un pobre artesano? —dijo Manuela, alargando un poco su hermoso labio inferior con un gesto de desdén.

—Pues aunque es un pobre artesano, ese herrero es todo un hombre. En primer lugar, casándote, ya estarías bajo su potestad, y no es lo mismo una muchacha que no tiene otro apoyo que una débil vieja como yo, de quien todos pueden burlarse, que una mujer casada que cuenta con un marido, que tiene fuerzas para defenderla, que tiene amigos, muchos amigos armados en la hacienda, que pelearían a su lado hasta perder la vida. Nicolás es valiente; nunca se han atrevido a atacarlo en los caminos; además sus oficiales de la herrería y sus amigos del *real* lo quieren mucho. En Atlihuayan no se atreverían los *plateados* a hacerte nada, yo te lo aseguro. Estos ladrones, después de todo, sólo acometen a las poblaciones que tienen miedo y a los caminantes desamparados, pero no se arriesgan con los que tienen resolución. En segundo lugar, si tú no querías estar por aquí, Nicolás ha ganado bastante dinero con su trabajo, tiene su ahorros; su maestro, que es un extranjero que lo dejó encargado de la herrería de la hacienda, está en México, lo quiere mucho, y podríamos imos a vivir allá mientras que pasan estos malos tiempos.

—¡No!, ¡nunca, mamá! —interrumpió bruscamente Manuela—, estoy decidida; no me casaré nunca con ese indio horrible a quien no puedo ver... Me choca de una manera espantosa, no puedo aguantar su presencia... Prefiero cualquier cosa a juntarme con ese hombre... Prefiero a los *plateados* —añadió con altanera resolución.

—¿Sí? —dijo la madre, arrojando su costura, indignada—, ¿prefieres a los *plateados*? Pues mira bien lo que dices, porque si no quieres casarte honradamente con un muchacho que es un grano de oro de honradez, y que podría hacerte dichosa y respetada, ya te morderás las manos de desesperación cuando te encuentres en los brazos de esos bandidos, que son demonios vomitados del infierno. Yo no veré semejante cosa, no Dios mío; yo me moriré antes de pesadumbre y de vergüenza —añadió derramando lágrimas de cólera.

Manuela se quedó pensativa. Pilar se acercó a la pobre vieja para consolada.

—Mira tú —dijo ésta a la humilde joven morena que había estado escuchando el diálogo de madre e hija, en silencio—; tú que eres mi ahijada, que no me debes tanto como esta ingrata no me darías semejante pesar.

Luego, después de un momento de silencio embarazoso para las tres, la señora dijo con marcado acento de ironía y de despecho.

—¡Indio horrible! No parece sino que esta presumida no merece más que un San Luis Gonzaga. ¿De dónde te vienen tantos humos a ti que eres una pobre muchacha, aunque tengas, por la gracia de Nuestro Señor, esa carita blanca y esos ojos que tanto te alaban los tenderos de Yautepec? Eres tan entonada que cualquiera diría que eras dueña de hacienda. Ni tu padre ni yo te hemos dado esas ideas. Tu crianza ha sido humilde. Te hemos enseñado a amar la honradez, no la figura ni el dinero; la figura se acaba con las enfermedades o con la edad, y el dinero se va como vino; sólo la honradez es un tesoro que nunca se acaba. ¡Indio horrible!, ¡un pobre artesano! Pero ese indio horrible, ese pobre herrero es un muchacho de buenos principios, que ha comenzado por ser un pobrecito huérfano de Tepoztlán, que aprendió a leer y a escribir desde chico, que después se metió a la fragua, y que a la edad en que todos regularmente no ganan más que un jornal, él es ya maestro principal de la herrería, y es muy estimado hasta de los ricos, y tiene muy buena fama y ha conseguido lo poco que tiene, gracias al sudor de su frente y a su honradez. Eso en cualquiera tiempo, pero más ahora y principalmente por este rumbo, es una gloria que pocos tienen. Tal vez no hay muchacho aquí que se pueda comparar con él. Dime Pilar, ¿tengo yo razón?

—Sí, madrina —contestó la modesta joven—, tiene usted sobrada razón. Nicolás es un hombre muy bueno, muy trabajador, que quiere muchísimo a Manuela, que sería un marido como pocos, que le daría gusto en todo. Yo siempre se lo estoy diciendo a mi hermana. Además, yo no lo encuentro horrible...

—¡Qué horrible va a ser! —exclamó la señora—, sino que esta tonta, como no lo quiere, le pone defectos como si fuera un espantajo. Pero Nicolás es un muchacho como todos y no tiene nada que asuste. No es blanco, ni español, ni anda relumbrando de oro y de plata como los administradores de las haciendas o como los *plateados*, ni luce en los bailes y en las fiestas. Es quieto y encogido, pero eso me parece a mí que no es un defecto.

—Ni a mí —añadió Pilar.

—Bueno, Pilar —dijo Manuela—, pues si a ti te gusta tanto, ¿por qué no te casas tú con él?

—¿Yo? —respondió Pilar, poniéndose primero pálida y luego encarnada hasta llorar—, ¿yo, hermana?, ¿pero por qué me dices eso? Yo no me caso con él porque no es a mí a quien él quiere, sino a ti.

—¿De modo que si te pretendiera le corresponderías? —preguntó sonriéndose malignamente la implacable Manuela.

Pilar iba quizás a responder, pero en ese instante llamaron a la puerta de un modo tímido.

—Es Nicolás —dijo la señora—; ve a abrirle, Pilar.

La humilde joven, todavía confusa y encarnada, quitó apresuradamente de sus cabellos la guirnalda de azahares y la colocó en el banco.

—¿Por qué te quitas esas flores? —le preguntó Manuela arrojando a su vez apresuradamente las rosas y caléndulas que se había puesto.

—Me las quito porque son flores de novia, y yo no soy aquí la novia •respondió tristemente, aunque un poco picada, Pilar—. Y tú, ¿por qué te quitas las tuyas?

—Yo, porque no quiero parecer bonita a ese indio, hombre de bien, que merece un relicario.

Pilar fue a abrir la puerta, con todas las precauciones que se tomaban en ese tiempo en Yautepec.

Capítulo 4

Nicolás

Quien hubiera oído hablar a Manuela en tono tan despreciativo, como lo había hecho, del herrero de Atlihuayan, se habría
podido figurar que era un monstruo, un espantajo repugnante
que no debiese inspirar más que susto o repulsión.

Pues bien: se habría engañado. El hombre que después de
atravesar las piezas de habitación de la casa, penetró hasta el
patio en que hemos oído la conversación de la señora mayor y
de las dos niñas, era un joven trigueño, con el tipo indígena
bien marcado, pero de cuerpo alto y esbelto, de formas hercúleas, bien proporcionado y cuya fisonomía inteligente y benévola predisponía desde luego en su favor. Los ojos negros y dulces, su nariz aguileña, su boca grande, provista de una dentadura blanca y brillante, sus labios gruesos, que sombreaba apenas una barba naciente y escasa daban a su aspecto algo de
melancólico, pero de fuerte y varonil al mismo tiempo. Se conocía que era un indio, pero no un indio abyecto y servil, sino un
hombre culto, ennoblecido por el trabajo y que tenía la conciencia de su fuerza y de su valer. Estaba vestido no como todos
los dependientes de las haciendas azucareras, con chaqueta de
dril de color claro, sino con una especie de blusa de lanilla azul
como los marineros, ceñida a la cintura con un ancho cinturón
de cuero, lleno de cartuchos de rifle, porque en ese tiempo todo el mundo tenía que andar armado y apercibido para la defensa; además, traía calzoneras con botones oscuros, botas
fuertes, y se cubría con un sombrero de fieltro gris de anchas
alas, pero sin ningún adorno de plata. Se conocía en fin, que de
propósito intentaba diferenciarse, en el modo de arreglar su
traje, de los bandidos que hacían ostentación exagerada de
adornos de plata en sus vestidos, y especialmente en sus

sombreros, los que les había valido el nombre con que se conocían en toda la República.

Nicolás acostumbraba, en sus visitas diarias a la familia de Manuela, dejar su caballo y sus armas en una casa contigua, para partir luego que cerraba la noche a la hacienda de Atlihuayan, distante menos de una milla de Yautepec.

Después de los saludos de costumbre, Nicolás fue a sentarse junto a la señora en otro banco rústico, y notando que a los pies de Manuela estaban regadas en desorden las rosas que ésta había desprendido de sus cabellos, le preguntó:

—Manuelita, ¿por qué ha tirado usted tantas flores?

—Estaba yo haciendo un ramillete —respondió secamente Manuela—, pero me fastidié y las he arrojado.

—¡Y tan lindas! —dijo Nicolás inclinándose para recoger algunas, lo que Manuelita vio hacer con marcado disgusto—. ¡Usted siempre descontenta! —añadió tristemente.

—¡Pobre de mi hija! Micntras estemos en Yautepec y encerradas —dijo la madre— no podemos tener un momento de gusto.

—Tienen ustedes razón —replicó Nicolás—. ¿Y su hermano de usted ha escrito?

—Nada, ni una carta; no hemos tenido ni razón de él. Ya me desespero... Y ¿qué nuevas noticias nos trae usted ahora, Nicolás?

—Ya sabe usted, señora —dijo Nicolás con aire sombrío—, las de siempre..., plagios, asaltos, crímenes por donde quiera, no hay otra cosa. Antier se llevaron los *plateados* de Xochimancas al *purgador* de la hacienda de San Carlos. Ayer, en la mañana, se llevó otra partida al *ayudante de campo*, que había salido a la tranca de la hacienda nada más; después mataron a unos arrieros que iban de Cocoyoc al camino de México.

—¡Misericordia de Dios! —exclamó la señora—; si no es posible vivir ya en este rumbo. Si yo estoy desesperada y no sé cómo salir de aquí...

—A propósito —continuó Nicolás—; si usted insiste, señora, en su deseo de irse a México, y ya que ha rehusado usted mis servicios para acompañarla, pronto se le ofrecerá a usted una oportunidad.

—¿Sí? ¿Cómo? —preguntó con ansiedad la señora.

—Hemos sabido que debía haber llegado aquí esta mañana una fuerza de caballería del gobierno, porque salió de

Cuernavaca con esta dirección ayer en la tarde, y durmió en Xiutepec; pero al amanecer recibió orden de ir a perseguir a una partida de bandidos que en la misma noche asaltó a una familia rica extranjera, que se dirigía a Acapulco, acompañada de algunos mozos armados. Parece que, precisamente para ver si escapaba de los ladrones, esa familia salió de Cuernavaca ya de noche y caminaba aprisa para llegar hoy temprano a Puente de Ixtla o San Gabriel. Pero cerca de Alpuyeca la estaba esperando una partida de *plateados*. Los extranjeros que iban con la familia se defendieron, pero los mozos hicieron traición y se pasaron con los bandidos, de modo que los pobres extranjeros quedaron allí muertos con su familia, que también pereció.

—¡Jesús!, ¡qué horror! —exclamaron le señora y Pilar, mientras que Manuela palideció ligeramente y se puso pensativa.

—Parece que fue una cosa espantosísima —continuó Nicolás—. Ahí amanecieron tirados los cadáveres, nomás los cadáveres, porque los bandidos se llevaron, naturalmente, los equipajes, las mulas, los caballos y todo. ¡La noticia llegó a Cuernavaca muy temprano, los vecinos de Alpuyeca trajeron después en camillas a los muertos, entre los que había niños. Ahí tienen ustedes el porqué la fuerza del gobierno, que venía para acá, recibió orden de dirigirse, en combinación con otra que salió de Cuernavaca, en persecución de los bandidos.

—¿Y los cogerán? ¿Usted cree que los cogerán, Nicolás? —preguntó la señora.

—No —respondió con intensa amargura el honrado joven—, no cogerán a nadie. Son pocos en comparación con los *plateados*, que deben haberse refugiado en Xochimancas. Solamente allí tienen más de quinientos hombres, bien montados y armados, sin contar con las muchas partidas que andan en todos los caminos. Además, ya estamos acostumbrados a estos vanos alardes. Cuando se comete un robo de consideración o se asalta a personas distinguidas, se hace escándalo; el gobierno de México manda órdenes terribles a las autoridades de por aquí; éstas ponen en movimiento sus pequeñas fuerzas, en que hay muchos cómplices de los bandidos y que les dan aviso oportunamente. Se hace ruido una semana o dos y todo acaba allí. Entre tanto, nadie hace caso de los robos, de los asaltos, de los asesinatos que se cometen diariamente en todo el rumbo, porque las víctimas son infelices que no tienen nombre ni nada que llame la atención.

—¡Ay Dios, Nicolás —dijo con interés la señora—, y usted que se arriesga todas las tardes para venir de Atlihuayan, sólo por vemos! Yo le ruego a usted que no lo haga ya.

—¡Ah!, no, señora —respondió Nicolás sonriendo tranquilamente—; en cuanto a mí, pierda usted cuidado. Yo soy pobre, nada tienen que robarme. Además, la distancia de Atlihuayan a acá es muy corta, nada arriesgo verdaderamente con venir.

—¡Cómo no ha de arriesgar usted! —repuso la señora—; en primer lugar, aunque usted es pobre, se sabe que es usted un artesano honrado y económico, que es el maestro de la herrería de Atlihuayan, y deben suponer que tiene usted algo guardado; luego, aunque no fuera más que porque monta usted buenos caballos y porque tiene buenas armas...

—¡Oh, señora! —exclamó riendo Nicolás—, por lo que yo puedo tener guardado no vale la pena que me ataquen esos señores; porque ellos se arriesgan por mayores intereses. Por otra parte, saben muy bien que yo no me dejaría plagiar. No es eso fanfarronada, pero la verdad es, señora, que vale más morir de una vez que sufrir las mil muertes que tienen los *plagiados*. Ya habrá usted oído contar lo que les hacen. Pues bien, la mejor manera de escapar de esos tormentos, es defenderse hasta morir. Siquiera de ese modo se les hace pagar caro su triunfo y se salva la dignidad del hombre —añadió con varonil orgullo.

—¡Ah!, si todos pensaran así —dijo la señora—, si todos se resolvieran a defenderse, no habría bandidos ni necesitaríamos de las fuerzas del gobierno, ni viviríamos aquí muertos de miedo, temblando como pájaros azorados.

—Es verdad, señora; así debía ser, y no se necesita para ello más que un poco de sangre fría. Vea usted; en Atlihuayan todos estaban atemorizados cuando comenzaron a inundar esto los bandidos, y no sabían qué partido tomar. Pero antes de que comenzaran a pisarnos la sombra, los maquinistas de la hacienda y los herreros nos reunimos y determinamos comprar buenos caballos y armarnos bien, decidiendo defendernos siempre unidos, aunque fuésemos pocos. Tan luego como se supo nuestra resolución, el administrador y los dependientes se unieron también a nosotros, y como la gran ventaja que tienen los *plateados* para amenazar a las haciendas y a los pueblos, consiste en que tienen siempre emisarios y cómplices entre los vecinos, se dispuso arrojar de la hacienda al que se hiciera sospechoso de estar en connivencia con los bandidos. De ese modo, todos los trabajadores de Atlihuayan son fieles y nos ayudan; la hacienda está bien armada y no tenemos más peligro que el de que incendien los bandidos los campos de caña. Pero vigilando mucho, y todas las noches, puede evitarse ese mal en cuanto sea posible. Ya han pedido dinero al hacendado; ya lo han amenazado de quemar la hacienda, pero no se les ha hecho caso. A nosotros también nos han escrito cartas, pidiéndonos dinero, pero no les hemos contestado. A mí, particularmente, sé que me aborrecen; que hay algunos que han ofrecido matarme, y no sé por qué, pues yo no he hecho mal a nadie, ni a los bandidos; será seguramente porque saben que estoy resuelto a defenderme y que mis oficiales lo están también. Pero no tengo cuidado, y sigo como hasta aquí, sin que nadie me haya atacado en los caminos.

—Pero usted anda siempre solo, Nicolás —dijo la señora—, y eso es una temeridad.

—Cuando puedo me acompaño, por ejemplo, cuando tengo que ir a una hacienda algo lejana..., pero para venir aquí no creo que haya necesidad de compañía. Pero a todo esto, lo que más me importa es tratar de la salida de ustedes. Decía yo que la fuerza que venía a Yautepec se entretiene hoy en perseguir a los asaltantes del camino de Alpuyeca, que ya estarán en sus guaridas. Por consiguiente, la fuerza regresará a Cuernavaca y saldrá después para acá. Es tiempo de aprovechar la ocasión y pueden ustedes prepararse para la marcha.

—Ya se ve —dijo la señora— y desde luego vamos a alistarnos. Gracias, Nicolás, por la noticia, y espero que usted venga a vemos como siempre para comunicamos algo nuevo y para que me haga usted el favor de quedarse con mis encargos... ¡no tengo hombre de confianza más que usted!

—Señora, ya sabe usted que estoy a sus órdenes en todo, y que puede usted ir tranquila respecto de sus cosas, pues me quedo aquí.

—Ya lo sé, ya lo sé, y lo espero a usted mañana, como siempre. Ahora es tiempo de que usted se vaya, es ya de noche y tiemblo de que le suceda a usted algo en este caminito de Yautepec a la hacienda, tan corto, pero tan peligroso... ¡Adiós!

–dijo estrechando la mano de Nicolás, que fue a despedirse en seguida de Manuela, que le alargó la mano fríamente, y de Pilar, que lo saludó con su humilde timidez de costumbre.

Cuando se oyó en la calle el trote del caballo que se alejaba, la señora, que se había quedado triste y callada, suspiró dolorosamente.

–La única pena que tendré –dijo– alejándome de este rumbo, será dejar en él a este muchacho, que es el solo protector que tenemos en la vida. ¡Con qué gusto lo vería yo como mi yerno!

–¡Y dale, con el yerno, mamá! –dijo Manuela acercándose a la pobre señora y abrazándola cariñosamente–. ¡No piense en eso! Ya vamos a salir de aquí y tendrá otro yerno mejor.

–Este te ofrece un amor honrado –dijo la señora.

–Pero no un amor de mi gusto –replicó frunciendo las cejas y sonriendo, la hermosa joven.

–Dios quiera que nunca te arrepientas de haberlo rechazado.

–No, mamá, de eso sí puede usted estar segura. Nunca me arrepentiré. ¡Si el corazón se va adonde quiere..., no adonde lo mandan! –añadió lentamente y con risueña gravedad ayudando a la señora a levantarse de su taburete.

La noche había cerrado, en efecto; el rocío, tan abundante en las tierras calientes, comenzaba a caer; las sombras de la arboleda de la huerta se hacían mas intensas a causa de la luz de la luna, que comenzaba a alumbrar, y la familia se entró en sus habitaciones.

Capítulo 5

El Zarco

A la sazón que esto pasaba en Yautepec, a un costado de la hacienda de Atlihuayan, y por un camino pedregoso y empinado que bajaba de las montañas, y que se veía flanqueado por altas malezas y coposos árboles, descendía poco a poco y cantando, con voz aguda y alegre, un gallardo jinete montado en brioso alazán que parecía impacientarse, marchando tortuosamente en aquel sendero en que resonaban echando chispas sus herraduras.

El jinete lo contenía a cada paso, y en la actitud más tranquila, parecía abandonarse a una deliciosa meditación, cruzando una pierna sobre la cabeza de la silla, como las mujeres, mientras que entonaba, repitiéndola distraído, una copla de una canción extraña, compuesta por bandidos y muy conocida entonces en aquellos lugares:

> *Mucho me gusta la plata,*
> *pero más me gusta el lustre,*
> *por eso cargo mi reata*
> *pa la mujer que me guste.*

El jinete, caminando así a mujeriegas, no parecía darse prisa por bajar al llano, y de cuando en cuando se detenía un momento, para dejar que su caballo respirara y para contemplar la luna por los claros que solían dejar los árboles de la montaña. Así, mirándola atentamente, observaba también las estrellas y parecía averiguar la hora, como si estuviese pendiente de una cita.

Por fin, al dar vuelta un recodo del camino, los árboles fueron siendo más raros, las malezas más pequeñas, el sendero se ensanchaba y era menos áspero, parecía que la colina

ondulaba suavemente y todo anunciaba la proximidad de la llanura. Luego que el jinete observó este aspecto menos salvaje
que el que había dejado atrás de él, se detuvo un instante, alargó la pierna que traía cruzada, se estiró perezosamente, se
afirmó en los estribos, examinó con rapidez las dos pistolas que
traía en la cintura y el mosquete que colgaba en la funda de su
silla, al lado derecho y atrás, como se usaba entonces; después
de lo cual desenredó cuidadosamente la banda roja de lana que
abrigaba su cuello, y volvió a ponérsela, pero cubriéndose con
ella el rostro hasta cerca de los ojos.

Después se desvió un poco del camino y se dirigió a una pequeña explanada que allí había, y se puso a examinar el paisaje.

La luna había aparecido ya sobre el horizonte y ascendía con
majestad en el cielo por entre grupos de nubes. A lo lejos, las
montañas y las colinas formaban un marco negro y espeso al
cuadro gris en que se destacaban las oscuras masas de las haciendas, la faja enorme de Yautepec, los cerros y las arboledas,
y al pie de la colina que servía de mirador al jinete se veían dis-
tintamente los campos de caña de Atlihuayan, salpicados de luciérnagas, y en medio de ellos los grandes edificios de la hacienda con sus altas chimeneas, sus bóvedas y sus ventanas llenas de luz. Aún se escuchaba el ruido de las máquinas y el rumor lejano de los trabajadores y el canto melancólico con que
los pobres mulatos, a semejanza de sus abuelos los esclavos,
entretienen sus fatigas o dan fin a sus tareas del día.

Ese aspecto tranquilo y apacible de la naturaleza y ese santo
rumor de trabajo y de movimiento que parecía un himno de virtud, no parecieron hacer mella ninguna en el ánimo del jinete,
que sólo se preocupaba de la hora, porque después de haber
permanecido en muda contemplación por espacio de algunos
minutos, se apeó del caballo, estuvo paseándolo un rato en aquella meseta, después apretó el cincho, montó, e interrogando
de nuevo a la luna y a las estrellas, continuó su camino cautelo-
samente y en silencio. A poco estaba ya en la llanura y entraba
en un ancho sendero que conducía a la tranca de la hacienda;
pero al llegar a una encrucijada tornó el camino que iba a Yautepec, dejando la hacienda a su espalda.

Apenas acababa de entrar en él andando al paso, cuando vio
pasar a poca distancia, y caminando en dirección opuesta, a

otro jinete que también iba al paso, montado en un magnífico caballo oscuro.

—¡Es el herrero de Atlihuayan! —dijo en voz baja, inclinando la ancha faja de su sombrero para no ser visto, aunque la bufanda de lana le cubría el semblante hasta los ojos.

Después murmuró, volviendo ligeramente la cabeza para ver al jinete, que se alejaba con lentitud:

—¡Qué buenos caballos tiene este indio!... Pero no se deja... ¡Ya veremos! —añadió con acento amenazador.

Y continuó marchando hasta llegar cerca de la población de Yautepec. Allí dejó el camino *real* y tomó una veredita que conducía a la caja del río que atraviesa la población. Después siguió por toda la orilla meridional hasta una pequeña curva en que el río, después de encajarse entre dos bordes altos y llenos de maleza, de cactos y de árboles silvestres, desemboca en un terreno llano y arenoso, antes de correr entre las dos hileras de extensas y espesísimas huertas que lo flanquean en la población.

Allí la luna daba de lleno sobre el campo, rielando en las aguas cristalinas del río, y a su luz pudo verse perfectamente al jinete misterioso que había bajado de la montaña.

Era un joven como de treinta años, alto, bien proporcionado de espaldas hercúleas y cubierto literalmente de plata.

El caballo que montaba era un soberbio alazán, de buena alzada, musculoso, de encuentro robusto, de pezuñas pequeñas, de ancas poderosas como todos los caballos montañeses, de cuello fino y de cabeza inteligente y erguida. Era lo que llaman los rancheros un *caballo de pelea*. El jinete estaba vestido como los bandidos de esa época, y como nuestros *charros*, los más *charros* de hoy. Llevaba chaqueta de paño oscuro con bordados de plata, calzoneras con doble hilera de *chapetones* de plata. unidos por cadenillas y agujetas del mismo metal; cubríase con un sombrero de lana oscura, de alas grandes y tendidas, y que tenían tanto encima como debajo de ellas una ancha y espesa cinta de galón de plata bordada con estrellas de oro; rodeaba la copa redonda y achatada una doble toquilla de plata, sobre la cual caían a cada lado dos chapetas también de plata, en forma de bulas rematando en anillos de oro. Llevaba, además de la bufanda de lana con que se cubría el rostro, una camisa también de lana debajo del chaleco y en el cinturón un par de pistolas de empuñadura de marfil, en sus fundas de charol negro bordadas de plata. Sobre el cinturón se ataba una *canana*, doble cinta de cuero a guisa de cartuchera y rellena de cartuchos de rifle, y sobre la silla un machete de empuñadura de plata metido en su vaina, bordada de lo mismo. La silla que montaba estaba bordada profusamente de plata; la cabeza grande era una maca de ese metal, lo mismo que la teja y los estribos, y el freno del caballo estaba lleno de chapetes, de estrellas y de figuras caprichosas. Sobre el vaquerillo negro, de hermoso pelo de chivo, y pendiente de la silla, colgaba un mosquete, en su funda también bordada, y tras de la teja veíase amarrada una gran capa de hule. Y por dondequiera, plata en los bordados de la silla, en los aciones, en las tapafundas, en las chaparreras de piel de tigre que colgaban de la cabeza de la silla, en las espuelas, en todo. Era mucha plata aquella, y se veía patente el esfuerzo; para prodigarla por donde quiera. Era una ostentación insolente, cínica y sin gusto. La luz de la luna hacía **brillar** todo este conjunto y daba al jinete el aspecto de un extraño fantasma con una especie de armadura de plata; algo como un picador de plaza de toros o como un abigarrado centurión de Semana Santa.

El jinete estuvo examinando durante algunos segundos el lugar. Todo se hallaba tranquilo y silencioso. El llano y los campos de caña se dilataban a lo lejos, cubiertos por la luz plateada de la luna, como por una gasa transparente. Los árboles de las huertas estaban inmóviles. Yautepec parecía un cementerio. Ni una luz en las casas, ni un rumor en las calles. Los mismos pájaros nocturnos parecían dormir y sólo los insectos dejaban oír sus leves silbidos en los platanares, mientras que una nube de cocuyos revoloteaba en las masas de sombra en las arboledas.

La luna estaba en el cenit y eran las once de la noche. El *plateado* se retiró, después de este rápido examen, a un recodo que hacía el cauce del río junto a un borde lleno de árboles, y allí, perfectamente oculto en la sombra y en la playa seca y arenosa, echó pie a tierra, desató la reata, quitó el freno a su caballo y, teniéndolo del lazo, lo dejó ir a poca distancia a beber agua. Luego que la necesidad del animal estuvo satisfecha, lo enfrenó de nuevo y montó con agilidad sobre él, atravesó el río y se internó en uno de los callejones estrechos y sombríos que desembocan en la ribera y que estaban formados por las cercas de árboles de las huertas.

Anduvo al paso y como recatándose por algunos minutos, hasta llegar junto a las cercas de piedra de una huerta extensa y magnífica. Allí se detuvo al pie de un zapote colosal cuyos ramajes frondosos cubrían como una bóveda toda la anchura del callejón, y procurando penetrar con la vista en la sombra densísima que cubría el cercado, se contentó con articular dos veces seguidas una especie de sonido de llamamiento: ¡Psst... psst!... Al que respondió otro de igual naturaleza, desde la cerca, sobre la cual no tardó en aparecer una figura blanca.

—¡Manuelita! —dijo en voz baja el *plateado*.

—¡Zarco mío, aquí estoy! —respondió una dulce voz de mujer.

Aquel hombre era el Zarco, el famoso bandido cuyo renombre había llenado de terror toda la comarca.

Capítulo **6**

La entrevista

La cerca no era alta, estaba formada de grandes piedras, entre las cuales habían brotado centenares de trepadoras, de ortigas y de cactus de tallos verticales y esbeltos, formando un muro espeso, cubierto con una cortina de verdura. Sobre esta cerca, aprovechando uno de sus claros y bajo las sombrías ramas del zapote, cuyo tronco nudoso presentaba una escalinata natural por dentro de la huerta, Manuelita se había improvisado un asiento para hablar con el Zarco en sus frecuentes entrevistas nocturnas.

El bandido no se bajaba en ellas de su caballo. Desconfiado hasta el extremo, como todos los hombres de su especie, prefería estar siempre listo para la fuga o para la pelea, aun cuando hablaba con su amada en las altas horas de la noche, en la soledad de aquella callejuela desierta y cuando la población dormía sobresaltada sin atreverse nadie a asomar la cara después de la queda.

Por lo demás, así, a caballo, estaba al alcance de la joven para hablarle y para abrazarla con toda comodidad, pues la altura del cercado no sobrepasaba la cabeza de la silla del caballo, y en cuanto a este animal, enseñado como todos los caballos de bandidos, sabía estarse quieto cuando la voluntad del jinete lo exigía. Por otra parte, la cortina vegetal que revestía el cercado de piedra presentaba allí un ancho rasgón que permitía a los amantes hablarse de cerca, enlazarse las manos y abandonarse a las intimidades de un amor apasionado y violento.

Ya varias veces algunos vecinos de Yautepec, que solían transitar por esa callejuela en las mañanas para salir al campo, habían reparado en las huellas que dejaba el caballo en las noches de lluvia, huellas que indicaban que alguien había estado allí detenido por mucho tiempo, y que venían del río y volvían a dirigírse a él. Pero suponían que eran las de algún campesino que había venido allí en la tarde anterior o a lo sumo sospechaban que Nicolás, el herrero de Atlihuayan, cuyo amor a Manuelita era demasiado conocido, tenía entrevistas con ella, aunque sabían todos, por otra parte, que la joven manifestaba profunda aversión al herrero, cosa que atribuían a hipócrita disimulo desmentido por esas huellas acusadoras.

En cuanto a doña Antonia, madre de Manuelita, ignoraba de todo punto, como es de suponerse, que su hija tuviese entrevista alguna con nadie, y aun el rumor acerca de las huellas de un caballo junto al cercado de su huerta, le era totalmente desconocido.

Así, bajo aquel secreto profundo, que nadie se hubiera atrevido a adivinar, Manuela salía a hablar con su amante con toda la frecuencia que permitían a éste sus arriesgadas excursiones de asalto y de pillaje. Él parecía muy enamorado de la hermosa muchacha, pues apenas podía disponer de algunas horas, cuando las aprovechaba, a trueque del reposo y del sueño, para venir a conversar una hora con su amada, a quien prevenía regularmente por medio de los emisarios y cómplices que tenía en Yautepec.

Esta vez era esperado con más impaciencia que nunca por la joven, alarmada por los peligros que anunciaban para sus amores las resoluciones de la tarde.

–Tenía yo miedo de que no vinieras esta noche y te esperaba yo con ansia –dijo Manuela, palpitante de pasión y de zozobra.

–Pues por poco no vengo, mi vida –respondió el Zarco, arrimándose a la cerca y tomando entre las suyas las manos trémulas de la joven–. Hemos tenido pelea anoche; por poco me mata un *gringo* maldito, y apenas he tenido tiempo de pasar por Xochimancas, de remudar caballo, de tomar un bocado y un poco de café y he andado veinte leguas por verte... ¿Pero, qué tienes? ¡Estás temblando! ¿Por qué me esperabas con ansia?

–Dime, ¿estuviste tú en lo de Alpuyeca?

–Sí, precisamente yo mandaba la fuerza. ¿Por qué me preguntas eso? ¿Cómo lo has sabido tan pronto?

–Pues ahora verás: estuvo, como siempre, hoy en la tarde el fastidioso herrero, y a él, diciéndole mi mamá que ya no veía la hora de salir de aquí para irnos a México, pero que no sabía cómo, porque mi tío no viene, le contó que una tropa de caballería del gobierno había salido ayer de Cuernavaca con dirección a Yautepec, y que se había quedado a dormir en Xiutepec, pero que hoy en la mañana recibió orden violentamente para perseguir a una partida que había matado a unos extranjeros en Alpuyeca, anoche, y que se fue para allá...

−Ya lo sabíamos... dizque nos van a *cargar* fuerzas..., figúrate, ¡doscientos hombres a lo más! Buen cuidado tendrán de no arrimarse por Xochimancas..., allí *estacarían el cuero*... y ¿qué más?

−Bueno, pues que siguió diciendo que esa caballería del gobierno no cogerá a ninguno, y que volverá a tomar la dirección de Yautepec para continuar su marcha. Que entonces podríamos aprovechar la oportunidad para irnos con la tropa.

−¿Ustedes?

−Sí, nosotras, y mi madre dijo que le parecía buena la idea; que nos íbamos a disponer para irnos, y aun encargó al herrero que viniera mañana para traerle nuevas noticias y para dejarle sus encargos.

−¡Ah, caramba!, ¿de modo que es de veras?

−Muy de veras, Zarco, muy de veras. Tiene mi madre tal miedo, que, no lo dudes, va a aprovechar la ocasión, y ya me dijo que vayamos disponiendo nuestros baúles con lo más preciso; que irá mañana a pedirle a una persona su dinero que le tiene guardado, y nos vamos.

−¡Imposible! −exclamó el bandido con violencia−, ¡Imposible! Se irá ella, pero tú no; primero me matan.

−Pero, ¿cómo hacemos entonces?

−Niégate.

−¡Ah!, sería inútil, Zarco, tú no conoces a mi mamá; cuando dice una cosa, la cumple; cuando manda algo, no se le puede replicar. Hartos disgustos tengo todos los días porque me quiere casar a fuerza con el indio, y por más que le manifiesto mi resolución de no unirme a ese hombre, por más que le hago desaires a éste, y que le he dicho en su cara muchas veces que no le tengo amor, mi madre sigue en su porfia, y el herrero sigue también viniendo, seguramente porque mi madre le da alas para que no deje su necedad. Pero en fin, en esto puedo desobedecer porque alego mi falta de cariño, pero en lo de irnos... ya tú ves que es imposible.

—Pues, déjame pensar —dijo el Zarco poniéndose a reflexionar.

—Dime —interrumpió Manuela—, ¿no sería posible que ustedes atacaran a la tropa del gobierno en *las Tetillas* o en otro paraje y que la derrotaran? Ustedes son muchos.

—Sí, mi alma; sería posible, y lo conseguiríamos, pero te diré francamente: los muchachos no se arriesgan a estas empresas, sino cuando esperan coger un buen botín o cuando se defienden y la ven irremediable. ¡Pero aquí no habían de querer! Dirán que atacando a esta tropa no van a recibir más que muchos balazos, y si la derrotan, cogerán cuando más unos cuantos caballos flacos, sillas viejas, uniformes hechos pedazos. ¡Si los soldados del gobierno parecen limosneros! Además son cien hombres. Tendríamos que cargarles lo menos quinientos, y ¿tú crees que habíamos de juntarlos para eso nada más?

—¡Pero, bien —repuso la joven contrariada—, ya sabía yo que los *plateados* no atacaban sino a los indefensos!... Eso dice mi madre.

—¿A los indefensos? —dijo el Zarco, picado a su vez en lo más vivo—. ¿Eso dice tu madre? Pues se equivoca la buena señora; también sabemos atacar a la tropa, y cansados estamos de hacerlo y de triunfar... ¡Indefensos! Pues bueno fuera que hubiera visto la pelotera de anoche. Esos *gringos* parecían demonios..., se defendían con sus rifles, con sus pistolas, con sus espadas.

—¡Ay, Zarco, dicen que mataron a las mujeres y a los niños!

—¿Quién dijo eso?

—El herrero.

—¡Indio hablador!

—¿No es cierto?

—¿Que se murieron? Sí, se murieron, pero nosotros no los matamos, se murieron en la refriega. En fin, no hablemos de este asunto, Manuelita, porque me estás lastimando.

—No, mi vida, no —replicó la joven, con voz de infinita ternura, y enlazada al cuello del bandido—. ¿Yo ofenderte a ti, que eres todo mi querer?

—Sí, Manuelita —dijo desasiéndose de sus brazos—. Todo eso que me estabas diciendo era porque tú me crees cobarde.

—¿Yo creerte cobarde, Zarco? —dijo la joven echándose a llorar—. Pero, ¿cómo has podido pensar eso? ¡Si yo creo que tú eres el hombre más valiente del mundo; si yo estoy loca de pasión por ti; si pienso que se me va a reventar el corazón de la pena que me causa tu ausencia, del miedo que me dan los peligros que corres!... ¡Si yo soy tuya enteramente... y hago lo que quieras!

—Bueno —dijo dulcificando la voz el bandido y besándola con furia—; bueno, ya no llores, ya no estoy resentido..., pero no me vuelvas a decir esas palabras.

—¡Pero si yo te digo lo que cuentan; yo hago cóleras cuando lo escucho, y no tengo más consuelo que decírtelo! Ahora, mi deseo de que atacaran a la tropa, debes suponer que es causado por el amor mismo que te tengo, para que no nos separemos. Si tienes otro medio..., el de casamos, por ejemplo.

—¿Casarnos?

—Sí, y ¿por qué no?

—¿Pero tú no piensas en que no podemos casarnos?

—¿Por qué, dímelo?

—Por mil razones. Llevando la vida que llevo, siendo como soy tan conocido, teniendo tantas causas pendientes en los juzgados, habiendo naturalmente orden de colgarme donde me cojan, ¿adónde había yo de ir a presentarme para que nos casaran? ¡Estás loca!

—Pero ¿no podemos irnos lejos de este rumbo, a Puebla, al Sur, a Morelos, a donde no te conozcan para casarnos?

—Pero para eso sería preciso que te sacara yo de aquí, que te robara yo, que te fueras conmigo a Xochimancas mientras... y después emprenderíamos el viaje a otra parte.

—Pues bien —replicó la joven resueltamente, después de reflexionar un momento—, puesto que no queda más que ese recurso, sácame de aquí, me iré contigo a donde quieras.

—Pero ¿te avendrás a la vida que llevo, siquiera por esos días? Vamos a Xochimancas; ya sabes quiénes son mis compañeros; es verdad que tienen ellos allí a sus muchachas, pero no son como tú: ellas están acostumbradas a pasar trabajos, montan a caballo, ayunan algunas veces, se desvelan, no se escandalizan por lo que pasa, porque pasan cosas un poco feas... en fin, son como nosotros. Tú eres una muchacha criada de otra manera..., tu mamá te quiere mucho. Tengo miedo de que te enfades, de que llores, acordándote de tu mamá y de Yautepec..., de que me eches la culpa de tu desgracia, de que me aborrezcas.

–Eso nunca, Zarco, nunca; yo pasaré cuantos trabajos vengan, yo también sé montar a caballo, y ayunaré y me desvelaré, y veré todo sin espantarme con tal de estar a tu lado. Mira –añadió Manuela, con voz sorda y en el extravío de su pasión frenética–, yo quiero, en efecto, mucho a mi mamá, aunque de pocos días a esta parte me parezca que la quiero menos; sé que le voy a causar tal vez la muerte, pero te prometo no llorar cuando me acuerde de ella, con la condición de que tú estés conmigo, de que me quieras siempre, como yo te quiero, de que nos vayamos pronto de este rumbo.

El bandido la estrechó entre sus brazos y la devoró a besos, conmovido ante esta explosión de amor, tan apasionada, tan loca, tan sincera, que estaba tan cerca del frenesí y que le entregaba enteramente a aquella joven tan bella, tan codiciada, tan soñada en sus horas de pasión y de deseos.

Porque el Zarco amaba también a Manuela, sólo que él la amaba de la única manera que podía amar un hombre encenegado en el crimen, un hombre a quien era extraña toda noción de bien, en cuya alma tenebrosa y pervertida sólo tenían cabida ya los goces de un sensualismo bestial y las infames emociones que pueden producir el robo y la matanza. La amaba porque era linda, fresca, gallarda; porque su hermosura atractiva y voluptuosa, su opulencia de formas, su andar lánguido y provocador, sus ojos ardientes y negros, sus labios de granada, su acento armonioso y blando, todo ejercía un imperio terrible sobre sus sentidos, excitados día a día por el insomnio y la obsesión constante de aquella visión. Aquél no era amor, en el sentido elevado de la palabra, era el deseo espoleado por la impaciencia y halagado por la vanidad, porque, efectivamente, el bandido debía creerse afortunado con merecer la preferencia de la mujer más bonita de la comarca.

Así es que tan pronto como el Zarco estuvo seguro de que la joven se hallaba resuelta a arrostrarlo todo con tal de seguirlo, se sintió feliz, y toda la sangre de sus venas afluyó a su corazón en aquel instante supremo.

–Bueno –dijo, separándose de los brazos de Manuela–. Entonces no hay más que hablar, te sales conmigo y nos vamos...

–¿Ahora? –preguntó la joven con alguna indecisión.

–No, no ahora –contestó el bandido–; ahora es tarde y no podrías prepararte. Mañana; vendré por ti a la misma hora, a las once. No des en qué sospechar para nada a tu madre; estate en el día, como si tal cosa, con mucho disimulo; no saques más ropa que la muy necesaria. Allá tendrás toda la que quieras; pero saca tus alhajas y el dinero que te he dado; guardas todo eso aparte, ¿no es verdad?

–Sí, lo tengo en un baulito, enterrado.

–Pues bien: sácalo y me aguardas aquí mañana, sin falta.

–Y ¿si por casualidad llegara la tropa del gobierno? –preguntó Manuela con inquietud.

–No, no vendrá, estate segura. La tropa del gobierno habrá andado todo el día de hoy buscándonos; luego, como tienen esos soldados una caballada tan flaca y tan miserable, descansarán todo el día de mañana, y a lo sumo volverían a Cuernavaca pasado mañana, de modo que no estarán aquí sino dentro de cuatro días. Así es que tenemos tiempo. Tú puedes alistar tus baúles con tu mamá como preparándote para el viaje a México, y no dejas fuera más que la ropa que te has de traer. Si por desgracia ocurriere alguna dificultad que te impida salir a verme, me avisarás luego, luego con la vieja, que me ha de aguardar donde sabe, para darme aviso. Pero si no hay nada, ni a ella le digas una palabra. Toma –añadió, sacando de los bolsillos de su chaqueta unas cajitas y entregándoselas a la joven.

–¿Qué es esto? –preguntó ella recibiéndolas.

–Ya las verás mañana y te gustarán... ¡son alhajas! Guárdalas con las otras –dijo el bandido abrazándola y besándola por último–. Ahora me voy, porque ya es hora; apenas llegaré amaneciendo a Xochimancas; hasta mañana, mi vida.

–Hasta mañana –respondió ella–, no faltes.

–¡Mañana serás mía, enteramente!

–Tuya para siempre –dijo Manuela, enviándole un beso, y quedándose un instante en la cerca para verlo partir.

El Zarco se alejó, como había venido, al paso y recatadamente, y a poco se perdió en las tortuosidades de la callejuela apenas alumbrada por la luna.

Capítulo 7

La adelfa

Tan pronto como la joven perdió de vista a su amante, se apresuró a bajar del cercado por la escalinata natural que formaban las raíces del zapote, y se encaminó apresuradamente hacia un sitio de la huerta, en que un grupo de arbustos y de matorrales formaban una especie de pequeño soto espeso y oscuro a orillas de un remanso que hacían allí las aguas tranquilas del *apantle*. Luego sacó de entre las plantas una linterna sorda y se dirigió en seguida, abriéndose paso por entre los arbustos, hasta el pie de una vieja y frondosa adelfa que, cubierta de flores aromáticas y venenosas, dominaba por su tamaño las pequeñas plantas del soto. Allí, en un montón de tierra cubierto de grama, la joven se sentó, y alumbrándose con la linterna, abrió con manos trémulas y palpitando de impaciencia las tres cajitas que acababa de regalarle el bandido.

—¡Ah, qué lindo! —exclamó con voz baja, al ver un anillo de brillantes, cuyos fulgores la deslumbraron—. ¡Eso debe valer un dineral! —añadió sacando el anillo y colocándolo sucesivamente en los dedos de su mano izquierda, y haciéndolo brillar a todos lados—. ¡Si esto parece el sol!

Luego, dejándose puesto el anillo, abrió la segunda caja y se quedó estupefacta. Eran dos pulseras en forma de pequeñas serpientes, todas cuajadas de brillantes, y cuyos anillos de oro esmaltados de vivos colores les daban una apariencia fascinadora. Las serpientes daban varias vueltas en la caja de raso y Manuela tardó un poco en desprenderlas; pero luego que terminó, se las puso en el puño, muy cerca de la mano, enroscándolas cuidadosamente. Y comenzó a alumbrarlas en todos sentidos, poniendo las manos en diversas actitudes.

Luego, por un instante cerró los ojos, como si soñara, y los abrió en seguida, cruzando los puños junto a la luz y contemplándolas largo rato.

—¡Dos víboras! —dijo frunciendo el ceño—, ¡qué idea!... En efecto, son dos víboras... ¡el robo! ¡Pero bah! —añadió, sonriendo y guiñando los ojos, casi llenos con sus grandes y brillantes pupilas negras—... ¡qué me importa! ¡Me las da el Zarco, y poco me interesa que vengan de donde vinieren!...

Después abrió la tercera caja. Ésta contenía dos pendientes, también de gruesos brillantes.

—¡Ah, qué hermosos aretes! —dijo—, ¡parecen de reina!

Y cuando hubo contemplándolos en la caja, que no se veía con aquel haz de resplandores y de chispas, los sacó también y se los puso en las orejas, habiéndose quitado antes sus humildes zarcillos de oro.

Pero al guardar éstos, mientras, en la caja de los pendientes, reparó en una cosa que no había visto y que la hizo ponerse lívida, como paralizada. Acababa de ver dos gotas de sangre fresca que manchaban el raso blanco de la caja, y que debían haber salpicado también los pendientes. Además, la caja estaba descompuesta; no cerraba bien, y se conocía que había sido arrancada en una lucha a muerte.

Manuela permaneció muda y sombría durante algunos segundos; hubiérase dicho que en su alma se libraba un tremendo combate entre los últimos remordimientos de una conciencia ya pervertida, y los impulsos irresistibles de una codicia desenfrenada y avasalladora. Triunfó ésta, como era de esperarse, y la joven, en cuyo hermoso semblante se retrataban entonces todos los signos de la vil pasión que ocupaba su espíritu, cerró, enarcando las cejas, la caja prontamente la apartó con desdén, y no pensó más que en ver el efecto que hacían los ricos pendientes en sus orejas.

Entonces tomó su linterna, y levantándose así adornada, como estaba con su anillo, pulseras y aretes, se dirigió a la orilla del remanso, y allí se inclinó, alumbrándose con la linterna el rostro, procurando sonreír, y, sin embargo, presentando en todas sus facciones una especie de dureza altanera que es como el reflejo de la codicia y de la vanidad, y que sería capaz de afear el rostro ideal de un ángel.

Si en aquella noche silenciosa, en medio de aquella huerta oscura y solitaria, alguien, acostumbrado a leer en las fisonomías hubiera contemplado a aquella linda joven, mirándose en las aguas negras y tranquilas del remanso, alumbrándose el rostro con la luz opaca de una linterna sorda, y gesticulando para darse los aires de una gran señora, al ver aquella fisonomía pálida, con los ojos chispeantes de ambición y de codicia, con los cabellos desordenados, con la boca entreabierta, dejando ver una dentadura blanquísima y apretada, y haciendo balancear a derecha e izquierda los pendientes, cuyos fulgores la bañaban con una luz azulada, rojiza o verdosa, que se mezclaba al chisporroteo del mismo carácter que salía de la serpiente enlazada al puño izquierdo, colocado junto a la barba, de seguro que habría encontrado en esa figura singular, algo de espantosamente siniestro y repulsivo, como una aparición satánica. No era la *Margarita* de Goethe, mirándose en el espejo, con natural coquetería, adornada con las joyas de un desconocido, sino una ladrona de la peor especie, dando rienda suelta a su infame codicia delante de aquel estanque de aguas turbias y negras. No era la virtud próxima a sucumbir ante la dádiva, sino la perversidad contemplándose en el cieno.

Manuela, abandonada a sí misma en aquella hora y de aquel modo, dejaba conocer en su semblante todas las expresiones de su vil pasión, que no se detenía ante la vergüenza ni el remordimiento, pues bien sabía que aquellas alhajas eran el fruto del crimen. Así es que sobre su cabeza radiante con los fulgores de los aretes robados, se veía en la sombra, no la cara burlona de Mefistófeles, el demonio de la seducción, sino la máscara pavorosa del verdugo, el demonio de la horca.

Manuela aún permaneció algunos momentos mirándose en el remanso y recatándose a cada ruido que hacía el viento entre los árboles, y luego volvió al pie de la adelfa, se quitó sus joyas, las guardó cuidadosamente en sus cajas; hecho lo cual lanzó una mirada en torno suyo, y viendo que todo estaba tranquilo, sacó de entre las matas una pequeña *tarecua*, especie de pala de mango de madera y extremo anguloso de hierro con que en la tierra caliente se hacen pozos, y removiendo con ella la tierra, en cierto sitio cubierto de musgo, puso al descubierto un saco de cuero, que se apresuró a abrir con una llavecita que llevaba guardada. Luego introdujo en la boca la linterna para cerciorarse de si estaba allí su tesoro, que palpó un momento con extraña fruición. Consistía en alhajas envueltas en papeles, y en cintos de cuero llenos de onzas de oro y de pesos de plata.

Después metió cuidadosamente en el saco las cajas que acababa de darle el Zarco, y enterró de nuevo el tesoro, cubriéndolo con musgo y haciendo desaparecer toda señal de haberse removido el suelo.

Luego, como sintiendo abandonar aquella riqueza, alzó su linterna sorda y se dirigió a la casa de puntillas, entrándose en las habitaciones en que la pobre señora, a pesar de las inquietudes del día, dormía con el tranquilo sueño de las conciencias honradas.

Capítulo 8

Quién era el Zarco

Entre tanto, y a la sazón que Manuela examinaba sus nuevas alhajas, el Zarco, después de haber dejado las orillas de Yautepec, y de haber atravesado el río con la misma precaución que había tenido al llegar, se dirigió por el amplio camino de la hacienda de Atlihuayan al montañoso por donde había descendido y que conducía a Xochimancas. Era la medianoche, y la luna envolviéndose en espesos nubarrones, dejaba envuelta la tierra en sombras. La calzada de Atlihuayan estaba completamente solitaria, y los árboles que la flanquean por uno y otro lado, proyectaban una oscuridad siniestra y lúgubre, que hacían más densa los fugaces y pálidos arabescos que producían los cocuyos y las luciérnagas.

El bandido, conocedor de aquellos lugares, acostumbrado como todos los hombres de su clase, a ver un poco en la oscuridad, y más que todo, fiado en la sensibilidad exquisita de su caballo, que al menor ruido extraño aguzaba las orejas y se detenía para prevenir a su amo, marchaba paso a paso, pero con entera tranquilidad, pensando en la próxima dicha que le ofrecía la posesión de Manuela.

Por fin, aquella hermosísima joven, cuya imagen había enardecido sus horas de insomnio durante tantos meses, cuyo amor había sido su constante preocupación, aun en medio de sus más sangrientas y arriesgadas aventuras, y cuya posesión le había parecido imposible cuando la vio por primera vez en Cuernavaca y se enamoró de ella, iba a ser suya, enteramente suya, iba a compartir su suerte y a hacerle saborear los dulcísimos deleites del amor, a él que no había conocido hasta allí verdaderamente más que las punzantes emociones del robo y del asesinato.

Su organización grosera y sensual, acostumbrada desde su juventud al vicio, conocía, es verdad, los goces del amor material, comprados con el dinero del juego o del robo arrancados en medio del terror de las víctimas, en una noche de asalto en las aldeas indefensas; pero el Zarco sentía que no había querido nunca ni había deseado a una mujer con aquella exaltación febril que experimentó desde que comenzó a ver a Manuela, asomada a su ventana, desde que la oyó hablar, y más todavía, desde que cruzó con ella las primeras palabras de amor.

Jamás desde que siendo niño todavía, abandonó el hogar de su familia, había sentido la necesidad imperiosa de unirse a otro ser, como la sentía ahora de unirse a aquella mujer, tan bonita y tan apasionada, que encerraba para él un mundo de inesperadas dichas.

Así repasando en su memoria todas las escenas de su niñez y de su juventud, encontraba que su carácter bravío y duro había rechazado siempre todo afecto, todo cariño, cualquiera que fuese, no habiendo cultivado sino aquellos de que había sacado provecho. Hijo de honrados padres, trabajadores en aquella comarca, que habían querido hacer de él un hombre laborioso y útil, pronto se había fastidiado del hogar doméstico, en que se le imponían tareas diarias o se le obligaba a ir a la escuela, y aprovechándose de la frecuente comunicación que tienen las poblaciones de aquel rumbo con las haciendas de caña de azúcar, se fugó, yendo a acomodarse al servicio del caballerango de una de ellas.

Allí permaneció algún tiempo, logrando después, cuando ya estaba bastante diestro en la equitación y en el arte de cuidar los caballos, colocarse en varias haciendas, en las que duraba poco, a causa de su conducta desordenada, pues haragán por naturaleza y por afición, apenas era útil para esos trabajos serviles, consagrando sus largos ocios al juego y a la holganza.

Por lo demás, en todo ese tiempo no recordaba haber sentido ni simpatia ni adhesión a nadie. Permaneciendo poco tiempo en cada lugar, sirviendo por pocos días en cada hacienda, y cultivando relaciones de caballeriza o de juego, que duraban un instante y que se alteraban con frecuentes riñas que las convertían en enemistades profundas, él verdaderamente no había tenido amigos, sino compañeros de placer y de vicio. Al contrario, en aquellos días su carácter se formó completamente, y ya no dio cabida en su corazón más que a las malas pasiones. Así, la servidumbre consumó lo que había comenzado la holgazanería, y los instintos perversos, que no estaban equilibrados por ninguna noción de bien, acabaron por llenar aquella alma oscura, como las algas infectas de un pantano.

Él no había amado a nadie, pero en cambio odiaba a todo el mundo: al hacendado rico cuyos caballos ensillaba y adornaba con magníficos jaeces, al obrero que recibía cada semana buenos salarios por su trabajo, al labrador acomodado, que poseía fecundas tierras y buena casa, a los comerciantes de las poblaciones cercanas, que poseían tiendas bien abastecidas, y hasta a los criados, que tenían mejores sueldos que él. Era la codicia complicada con la envidia, una envidia impotente y rastrera, la que producía este odio singular y esta ansia frenética de arrebatar aquellas cosas a toda costa.

Naturalmente, los amores de los demás le causaban irritación, y aquellas muchachas que según su posición amaban al rico, al dependiente o al jornalero, le inspiraban un deseo insensato de arrebatarlas y de mancharlas. No había entre todas una que hubiera fijado los ojos en él, porque él tampoco había procurado acercarse a ninguna de ellas con intenciones amorosas. Las de su clase no eran de su gusto, y para las de rango superior a él, estaba colocado en muy baja esfera, ¡un mozo de caballeriza!

Él era joven, no tenia mala figura: su color blanco impuro, sus ojos de ese color azul claro que el vulgo llama zarco, sus cabellos de un rubio pálido y su cuerpo esbelto y vigoroso, le daban una apariencia ventajosa, pero su ceño adusto, su lenguaje agresivo y brutal, su risa aguda y forzada, tal vez le había hecho poco simpático a las mujeres. Además, él no había encontrado una bastante hermosa a quien procurase ser agradable.

Por fin, cansado de aquella vida de servidumbre, de vicio y de miseria, el Zarco se huyó de la hacienda en que estaba, llevándose algunos caballos para venderlos en la tierra fria. Como era de esperarse, fue perseguido; pero ya en este tiempo, al favor de la guerra civil, se había desatado en la tierra fría cercana a México una nube de bandidos que no tardó en invadir las ricas comarcas de la tierra caliente.

El Zarco se afilió en ella inmediatamente, y desde luego, y como si no hubiera esperado más que esa oportunidad para revelarse en toda la plenitud de su perversidad, comenzó a distinguirse entre aquellos facinerosos por su intrepidez, por su crueldad y por su insaciable sed de rapiña.

Era el año de 1861, y organizados los bandoleros en grandes partidas, perseguidos a veces por las tropas del gobierno, pero atraídos más bien por la riqueza de los distritos azucareros del sur de México y de Puebla, penetraron en ellos sembrando el terror en todas partes, como lo hemos visto.

El Zarco era uno de los jefes más renombrados, y las noticias de sus infames proezas, de sus horribles venganzas en las haciendas en que había servido, de su fría crueldad y de su valor temerario, le habían dado una fama espantosa.

Obligadas las tropas liberales, por un error lamentable y vergonzoso, a aceptar la cooperación de estos bandidos en la persecución que hacían al faccioso reaccionario Márquez en su travesía por la tierra caliente, algunas de aquellas partidas se presentaron formando cuerpos irregulares, pero numerosos, y uno de ellos estaba mandado por el Zarco. Entonces, y durante los pocos días que permaneció en Cuernavaca, fue cuando conoció a Manuela, que se había refugiado con su familia en esa ciudad. El bandido ostentaba entonces un carácter militar, sin dejar por eso los arreos vistosos que eran como característicos en los ladrones de aquella época y que les dieron el nombre de *plateados*, con el que fueron conocidos generalmente.

La hermosa joven, cuyo carácter parecía estar en armonía con el del bandido, al ver pasar frente a sus ventanas aquel cuerpo de gallardos jinetes, vistosos y brillantes, y al frente de ellos, montado en soberbio caballo y cargado de plata hasta el exceso, al joven y terrible bandido, cuyo nombre no había sonado en su oído sino con el acento del terror, se sintió atraída hacia él por un afecto en que se mezclaban la simpatía, la codicia y la vanidad como en punzante y sabroso filtro.

Así nació una especie de amor extraño en aquellas dos almas, hechas para comprenderse. Y en el poco tiempo que el Zarco permaneció en Cuernavaca, logró ponerse en comunicación con Manuela y establecer con ella relaciones amorosas, que no llegaron, sin embargo, por las circunstancias, al grado de intimidad en que las vemos en Yautepec.

El general González Ortega, conociendo el grave error que había cometido dando cabida en sus tropas a varias partidas de *plateados*, que no hicieron más que asolar las poblaciones que atravesaba el ejército y desprestigiarlo, no tardó en perseguirlas, fusilando a varios de sus jefes. Para salvarse de suerte semejante, el Zarco se escapó una noche de Cuernavaca con sus bandidos y se dirigió al sur de Puebla, en donde estuvo por algunos meses ejerciendo terribles depredaciones.

Por fin, los *plateados* establecieron su guarida principal en Xochimancas, y el Zarco no tardó en saber que Manuela había vuelto a Yautepec, en donde residía con su familia. Naturalmente, procuró desde luego reanudar sus relaciones apenas interrumpidas y pudo cerciorarse de que Manuela lo amaba todavía.

Desde entonces comenzó esa comunicación frecuente y nocturna con la joven, comunicación que no era peligrosa para él, dado el terror que infundía su nombre y dadas también las inteligencias que cultivaba en la población, en donde los bandidos contaban con numerosos emisarios y espías.

Entre tanto, sus crímenes aumentaban de día en día; sus venganzas sobre sus antiguos enemigos de las haciendas eran espantosas y el pavor que inspiraba su nombre había acobardado a todos. Los mismos hacendados, sus antiguos amos, habían venido temblando a su presencia a implorar su protección y se habían constituido en sus humildes y abyectos servidores, y no pocas veces, él, antiguo mozo de estribo, había visto tener la brida de su caballo al arrogante señorón de la hacienda a quien antes había servido humilde y despreciado.

Semejantes venganzas y humillaciones fueron harto frecuentes en esa época, gracias a la audacia y número de los bandidos, cuyo poder era ilimitado en aquella comarca infortunada, y gracias más que todo a la impotencia del gobierno central, que, ocupado en combatir la guerra civil y en hacer frente a la intervención extranjera, no podía distraer a sus tropas para reprimir a los bandidos.

Capítulo 9

El Búho

El Zarco se hallaba, pues, en la plenitud de su orgullo satisfecho. Había realizado parte de sus aspiraciones. Era temido, se había vengado; sus numerosísimos robos le habían producido un botín cuantioso; disponía a discreción del bolsillo de los hacendados. Cuando necesitaba una fuerte cantidad de dinero, se apoderaba de un cargamento de azúcar o de aguardiente o de un dependiente rico, y los ponía a rescate; cuando quería poner a contribución una hacienda, quemaba un campo de cañas, y cuando quería infundir pavor a una población, asesinaba al primer vecino infeliz a quien encontraba en sus orillas.

Pero satisfecha su sed de sangre y de rapiña, sentía que aún le faltaba alguna cosa. Eran los goces del amor, pero no esos goces venales que le habían ofrecido las condescendencias pasajeras de las mujeres perdidas, sino los que podía prometerle la pasión de una mujer hermosa, joven; de una clase social superior a la suya, y que lo amara sin reserva y sin condición.

Manuela habría sido para él una mujer imposible cuando medio oculto en la comitiva servil del rico hacendado, atravesaba los domingos las calles de Yautepec. Entonces, era seguro que la linda hija de una familia acomodada, vestida con cierto lujo aldeano, y que recibía sonriendo en su ventana las galantes lisonjas de los ricos dueños de hacienda, de los gallardos dependientes que caracoleaban en briosos caballos, llenos de plata, para lucirse delante de ella, no se habría fijado ni un instante en aquel criado descolorido y triste, mal montado en una silla pobre y vieja, y en un caballo inferior y que se escurría silencioso en pos de sus amos.

Entonces, si él se hubiese acercado a hablarle, a ofrecerle una flor, a decirle que la amaba, era indudable que no habría tenido por respuesta más que un gesto desdeñoso o una risa de burla.

Y ahora que él era guapo, que montaba los mejores caballos del rumbo, que iba vestido de plata, que era temido, que veía a sus pies a los ricos de las haciendas; ahora que él podía regalar alhajas que valían un capital; ahora esa joven, la más hermosa de Yautepec, lloraba por él, lo esperaba palpitante de amor todas las noches, iba a abandonar por él a su familia y a entregarse sin reserva; le iba a mostrar a sus compañeros, a pasearla por todas partes a su lado y a humillar con ella a los antiguos pretendientes. Tal consideración daba al amor que el Zarco sentía por Manuela un acre y voluptuoso sabor de venganza, sobre la misma joven y sobre los demás, juntamente con un carácter de vanidad insolente.

Así pues, aquello que agitaba el corazón del bandido no era verdaderamente amor en el concepto noble de la palabra, no era el sentimiento íntimo y sagrado que suele abrirse paso aún en las almas pervertidas e iluminarlas a veces como ilumina un rayo de sol los antros más oscuros e infectos, no: era un deseo sensual y salvaje, excitado hasta el frenesí por el encanto de la hermosura física y por los incentivos de la soberbia vencedora y de la vanidad vulgar.

Si Manuela hubiese sido menos bella o más pobre, tal vez el Zarco no habría deseado su posesión con tanta fuerza, y poco le habría importado que hubiese sido virtuosa. Él no buscaba el apoyo de la virtud en las penas de la vida, sino las emociones groseras de los sentidos para completar la fortuna de su situación presente. Iba a poseer a la linda doncella para satisfacer una necesidad de su organización, ávida de sensaciones vanidosas, ya que había saboreado el placer inferior de poseer magníficos caballos y de amontonar onzas de oro y riquísimas alhajas.

Pero después de saciado este deseo, el más acariciado de todos, ¿qué haría con la joven?, se preguntaba él. ¿Se casaría con ella? Eso era imposible, y además, tener una esposa legítima no halagaba su vanidad. Una querida como ella sí era un triunfo entre sus compañeros. ¿Abandonaría aquel rumbo y aquella carrera de peligros para huir con ella, lejos, para gozar en un rincón cualquiera de una existencia oscura y tranquila? Pero eso también era imposible para aquel facineroso, que había probado ya los embriagantes goces del combate y del robo. Dejar aquella vida agitada, inquieta, sembrada de peligros, pero también de pingües recompensas, era resignarse a ser pobre, a ser pacífico; era exponerse a que un miserable alcalde de pueblo lo amarrase cualquier día y lo encerrase en la cárcel para ser juzgado por sus antiguas fechorías. Podía convertir su botín, que era importante, en tierras de labor, en un rancho, en una tienda. Pero él no sabía trabajar, y sobre todo, le repugnaba hondamente esa existencia de trabajo oscuro y humilde, monótona, sin peripecias, aburridora, expuesta siempre al peligro de una denuncia, sin más afán que el de ocultar siempre el pasado de crimen, sin más entretenimiento que el cuidado de los hijos, sin más emociones que las del terror. No; era preciso seguir así por ahora, que después ya habría tiempo de decidirse, según lo exigieran las circunstancias.

El Zarco llegaba aquí en sus cavilaciones cuando se detuvo sobresaltado oyendo el canto repentino y lúgubre de un búho, y que salía de las ramas frondosas de un *amate* gigantesco, frente al cual iba pasando.

—¡Maldito *tecolote*! —exclamó en voz baja, sintiendo circular en sus venas un frío glacial—. ¡Siempre se le ocurre cantar cuando yo paso! ¿Qué significará esto? —añadió, con la preocupación que es tan común en las almas groseras y supersticiosas, y quedó sumergido un momento en negras reflexiones. Pero repuesto a poco, espoleó su caballo, con ademán despreciativo.

—¡Bah! Esto no le da miedo más que a los indios, como el herrero de Atlihuayan; yo soy blanco y güero... a mí no me hace nada.

Y se alejó al trote para encumbrar la montaña.

Capítulo 10

La fuga

Al día siguiente, Nicolás, el herrero de Atlihuayan, vino, como de costumbre, en la tarde, a hacer su visita a la madre de Manuela y la encontró preocupada y triste. La joven estaba durmiendo y la señora se hallaba sola en el pequeño patio en que la encontramos la tarde anterior…

–¿Hay alguna noticia nueva? –preguntó doña Antonia al joven artesano.

–Sí, señora –respondió éste–; parece que la caballería del gobierno llegará, por fin, mañana. Es preciso que estén ustedes dispuestas, porque sé que no permanecerá ni un día y que se va pasando por Cuautla y de allí se dirige a México.

–Yo estoy lista ya enteramente –respondió doña Antonia–. Todo el día nos hemos pasado arreglando los baúles y recogiendo mi poco dinero. Además, he ido a ver al juez para que me extendiera un poder, que voy a dejar a usted –añadió, tomando de su cesto de costura un papel que dio a Nicolás–. Usted se encargará, si me hace favor, de vender esta huerta, lo más pronto posible, o de arrendarla, pues según están las cosas, no podemos volver pronto y estoy aburrida de tanto sufrir aquí. Si usted se va a México, allá nos encontrará como siempre, y quizás entonces se habrá cambiado el ánimo de Manuela.

–No lo creo, señora –se apresuró a responder Nicolás–. Yo he acabado por conocer que es imposible que Manuelita me quiera. Le causo una repugnancia que no está en su mano dominar. Así es que me parece inútil pensar ya en eso. ¡Cómo ha de ser! –añadió suspirando–, uno no puede disponer de su corazón. Dicen que el trato engendra el cariño. Ya ve usted que esto no es cierto, porque si del trato dependiera, yo me he esmerado en ser agradable a la niña, pero mis esfuerzos siempre han encontrado por recompensa su frialdad, su alejamiento, casi su odio..., porque yo temo hasta que me aborrezca.

–No, Nicolás, eso no; ¡aborrecerlo a usted! ¿por qué? ¿No ha sido usted nuestro protector desde que murió mi marido? ¿No nos ha colmado usted de favores y de servicios que jamás se olvidan? ¿Por qué tan noble conducta había de producir el aborrecimiento en Manuela? No; lo que sucede es que esta muchacha es tonta, es caprichosa; yo no sé a quién ha sacado, pero su carácter me parece extraño, particularmente desde hace algunos meses. No quiere hablar con nadie, cuando antes era tan parlanchina y tan alegre. No quiere rezar, cuando antes era tan piadosa; no quiere coser, cuando antes se pasaba los días discurriendo la manera de arreglar sus vestidos o de hacerse nuevos; no quiere nada. Hace tiempo que noto en ella no sé qué cosa tan extraña que me da en qué pensar. Unos días está triste, pensativa, con ganas de llorar, tan pálida que parece enferma, tan perezosa que tengo que reñirla; otros, se despierta muy viva, pero colérica, por nada se enoja, regaña, me contradice, nada encuentra bueno en la casa, nuestra pobre comida le fastidia, el encierro en que estamos le aburre, quisiera que saliéramos a pasear, que montáramos a caballo, que fuéramos a visitar las haciendas; parece que no tiene miedo a los ladrones que nos rodean por todas partes, y viendo que yo me opongo a estas locuras, vuelve a caer en su abatimiento y se echa a dormir. Hoy mismo ha pasado una cosa rara, luego que le anuncié que era necesario disponer los baúles para irnos a México, tan pronto como vio que esto era de veras, que volví trayendo mi dinerito y que comencé a arreglar todas mis cosas, primero se puso alegre y me abrazó diciéndome que era una dicha, que por fin iba a conocer México; que había sido su sueño; que allí iba a estar alegre, pues que su tristeza tenía por causa la situación horrorosa que guardamos, hace tantos meses. Como es natural, yo me había figurado lo mismo, y por eso no había hecho tanto reparo en el cambio de su carácter, pues era de suponerse que una muchacha como ella, que está en la edad de divertirse, de pasear, debía estar fastidiada de nuestro encierro. Así que también yo me puse alegre al verla contenta, pensando en el viaje. Pero luego ha vuelto a su tristeza, y al sentarnos a comer, observé que ya estaba de mal humor, que casi no quería probar bocado y que aun sentía deseos de llorar.

Luego, no he podido distraerla, y después de componer su ropa en un baúl, al ir a verla la encontré dormida en su cama. ¡Ha visto usted cosa igual! Pues si fuera porque nos vamos de Yautepec, ¿por qué ha estado triste viviendo aquí?

—Señora —preguntó Nicolás, que había escuchado atento y reflexivo—, ¿no tendrá aquí algún amor?, ¿no dejará aquí alguna persona a quien haya querido o a quien quiera todavía, sin que se lo haya dicho a usted?

—Eso me he preguntado algunas veces, pero no creo que haya nada de lo que usted dice. ¿Qué amor pudiera haber tenido que yo no hubiese siquiera sospechado? Es verdad que algunos dependientes gachupines de la tienda de la bóveda habían dado en decirle flores, en enviarle papelitos y recados, pero eso fue mucho antes de que fuéramos a vivir a Cuernavaca. Después de que regresamos, aquellos muchachos ya no estaban aquí, se habían ido a México, Manuela no ha vuelto a acordarse de ellos ni a nombrarlos siquiera. Algunos muchachos del pueblo suelen pasar por aquí y la ven con algún interés, pero ella les muestra mucho desprecio y cierra la ventana tan luego como los ha visto acercarse. No han vuelto ya. Manuela encuentra fastidiosos a los pocos que conoce. En fin, yo estoy segura de que no quiere a ninguno en el pueblo, y por eso al principio de este año, cuando comenzó usted a visitarnos, creí que iba inclinándose a usted y que arreglaríamos fácilmente lo que teníamos pensado.

—Pues ya ve usted, señora —contestó Nicolás amargamente—, que no era cierto, y que Manuelita me ha considerado más fastidioso que a los muchachos de Yautepec. Tanto que yo, teniéndole como le tengo tanto cariño y habiendo pensado tan seriamente en casarme con ella, porque creía con nuestro matrimonio labrar su felicidad y la mía, naturalmente, no he podido ser insensible a sus desprecios constantes y me resolví a alejarme para siempre de esta casa. Pero la consideración de que usted me tiene un afecto, de que estoy seguro; las órdenes de mi madre de que yo vele por ustedes, hoy que tanto se necesita del apoyo de un hombre en estos pueblos, me han hecho seguir importunando a ustedes con mi presencia, que de otro modo les habría evitado.

—¡Importunándome a mí? —preguntó conmovida y llorando doña Antonia.

—No, a usted no, señora; bien veo que usted me profesa amistad, que desearía usted mi bien y mi dicha, que si por usted fuera, yo sería el esposo de su hija. Yo no soy ingrato, señora, y crea usted que mientras viva yo me portaré con usted como un hijo reconocido y cariñoso, sin interés de nada y siempre que no sirva yo de obstáculo a la felicidad de Manuelita; pero lo decía yo por esta niña. Afortunadamente para ella, ya ustedes se van de aquí, de modo que no tendrá la mortificación de verme y yo tendré la satisfacción de ser útil a usted desde lejos. Haré todo lo que usted me encarga y le escribiré con frecuencia, dándole razón de la huerta y del estado que guarda este rumbo. Mañana, cuando venga la tropa del gobierno, yo también vendré a ver qué se les ofrece a ustedes y aun las acompañaré cuando se vayan, hasta Morelos o hasta más allá si es necesario.

—¡Ah, Nicolás!, ¡qué bueno es usted y qué noble! —dijo la señora con ternura—; acepto todo lo que usted me ofrece, y a mi vez le aseguro que en mí tendrá siempre una segunda madre. Cualquiera que sea la suerte que Dios nos reserve a mí y a mi hija, crea usted que siempre recordaré su generosidad para con nosotras, y que nunca olvidaré que es usted el más noble y honrado joven que he conocido. Lo espero a usted mañana, y si usted quiere acompañarnos, como me lo promete, yo tendré mucho gusto de contar con su compañía, que tanto necesito. Pero tengo miedo de que le suceda a usted algo a su regreso.

—No tema usted nada, señora —dijo Nicolás, levantándose—; llevaré a algunos de mis compañeros del taller, bien montados y armados, y no correremos ningún peligro.

—Bueno —dijo doña Antonia, apretando la mano del herrero con las dos suyas, cariñosamente, como lo haría una madre tierna con el hijo de su corazón.

Luego, al sentir que se alejaba, exclamó llorando:

—¡Oh!, ¡qué desgraciada soy en no tener a este hombre por yerno!

Manuelita se despertó cuando ya estaba anocheciendo, y a la luz de la bujía, doña Antonia observó que tenía los ojos encarnados...

—¿Estás mala, hija? —le preguntó afectuosamente.

—Me duele mucho la cabeza, mamá —contestó la joven.

—Es que estás amodorrada, y además, ¡has comido tan poco!

—No; me siento un poco mal.

—¿Tendrás calentura? —dijo la madre inquieta.

—No —replicó Manuelita, tranquilizándola—; no es nada, me levanté esta mañana muy temprano y, en efecto, he comido poco. Voy a tomar algo y volveré a acostarme, porque lo que siento es sueño; pero tengo apetito y esa es buena señal. Ya sabe usted que siempre que madrugo me pasa esto. Además, es preciso dormir, ahora que se puede, porque quién sabe si en el viaje podamos hacerlo con comodidad y en compañía de soldados —añadió sonriendo maliciosamente.

La pobre madre, ya muy tranquila, dispuso la cena, que Manuela tomó con alegría y apetito, después de lo cual rezaron las dos sus devociones, y tras de una larga conversación sobre sus arreglos de viaje y sus nuevas esperanzas, la señora se retiró a su cuarto, contiguo al de Manuela y apenas dividido de éste por un tabique.

A la sazón caía un aguacero terrible, uno de esos aguaceros de las tierras calientes, mezclados de relámpagos y truenos, en que parece abrir el cielo todas sus cataratas e inundar con ellas el mundo. La lluvia producía un ruido espantoso en el tejado, y los árboles de la huerta, azotados por aquel torrente, parecían desgajarse.

En la calle el agua corría impetuosamente formando un río, y en el patio se había producido una inundación con el crecimiento de los *apantles* y con el chorro de los tejados.

Doña Antonia, después de recomendar a Manuelita que se abrigara mucho y que rezara, se durmió arrullada por el ruido monótono del aguacero.

Inútil es decir que la joven no cerró los ojos. Aquella era la noche de la fuga concertada con el Zarco; él debía venir infaliblemente y ella tenía que esperarlo ya lista con su ropa y el saco que contenía el tesoro, que era preciso ir a sacar al pie de la adelfa. Esta tempestad repentina contrariaba mucho a Manuela. Si no cesaba antes de medianoche, iba a hacer un viaje molestísimo, y aun cesando a esa hora, iba a encontrar la huerta convertida en charco y a bañarse completamente debajo de los árboles. Sin embargo, ¿qué no es capaz de soportar una mujer enamorada, con tal de realizar sus propósitos?

Cuando ella conoció que era próximamente la hora señalada, se levantó de puntillas, con los pies desnudos, bien cubierta la cabeza y espaldas con un abrigo de lana, y así, alzando su enagua de muselina hasta la rodilla, abrió la puerta de su cuarto, quedito y se lanzó al patio, alumbrándose con su linterna sorda, que cubría cuidadosamente.

Era la última vez que salía de la casa materna, apenas concedió un pensamiento a la pobre anciana que dormía descuidada y confiando en el amor de su hija querida.

Por lo demás, Manuela, atenta sólo a realizar su fuga, no procuraba otra cosa que apresurarse, y si su corazón latía con violencia, era por el temor de ser sentida y de malograr su empresa.

Dichosamente para ella, el aguacero seguía en toda su fuerza, y nadie podría sospechar que ella saliese de su cuarto con aquel temporal; así es que atravesó rápidamente el patio, se internó entre la arboleda, pasó el *apantle* que rodeaba el soto de la adelfa, y allí, escarbando de prisa, sin preocuparse de la lluvia, que la había empapado completamente, y sólo cuidando de que la linterna no se apagase, extrajo el saco del tesoro, lo envolvió en su rebozo y se dirigió a la cerca, trepando por las raíces del *amate* hasta el lugar en que solía esperar al Zarco.

Apenas acababa de llegar, cuando oyó el leve silbido con que su amante se anunciaba, y a la luz de un relámpago pudo distinguirlo, envuelto en su negra capa de hule y arrimándose al cercado.

Pero no venía solo. Acompañaban losotros tres jinetes, envueltos como él en sendas capas y armados hasta los dientes.

—¡Maldita noche! —dijo el Zarco, dirigiéndose a su amada—. Temí que no pudieras salir, mi vida, y que todo se malograra hoy.

—¡Cómo no, Zarco! —respondió ella—; ya has visto siempre que cuando doy mi palabra, la cumplo. Era imposible dejar esto para otra ocasión, pues mañana llega la tropa y tal vez tendríamos que salir inmediatamente.

—Bueno, ¿ya traes todo?

—Todo está aquí.

—Pues ven; cúbrete con esta capa —dijo el Zarco alargando una capa de hule a la joven.

—Es inútil, estoy ya empapada y bien puedo seguir mojándome.

—No le hace, póntela, y este sombrero... ¡Válgame Dios! —dijo al recibirla entre sus brazos—. ¡Pobrecita! ¡Si estás hecha una sopa!

—Vámonos, vámonos —dijo ella palpitante—, ¿quiénes son esos?

—Son mis amigos, que han venido a acompañarme por lo que se ofreciera... Vamos, pues; adelante, muchachos, y antes de que crezca el río —dijo el Zarco, picando su caballo, en cuya grupa había colocado, al estilo de la tierra caliente, a la hermosa joven.

Y el grupo de jinetes se dirigió apresurado a orillas del pueblo, atravesó el río, que ya comenzaba a crecer y se perdió entre las más espesas tinieblas.

Si algún campesino supersticioso hubiese visto a la luz de los relámpagos pasar, como deslizándose entre los árboles azotados por la tempestad, aquel grupo compacto de jinetes envueltos en negras capas a semejante hora y en semejantes tiempos, de seguro habría creído que era una patrulla de espíritus infernales o almas en pena de bandidos, purgando sus culpas en noche tan espantosa.

Capítulo 11

Antonia

Doña Antonia había dormido mal. Después de su primer sueño, que fue tranquilo y pesado, los múltiples ruidos de la borrasca acabaron por despertarla. Agitada después por diversos pensamientos y preocupaciones a causa de su viaje próximo, comenzó a revolverse en su lecho, presa del insomnio y del malestar.

Parecíale haber escuchado a través de los lejanos bramidos del trueno, y de los ruidos de la lluvia y del viento entre los árboles, algunos rumores extraños; pero atribuyó esto a aprensión suya. De buena gana se habría levantado para ir al cuarto de Manuela a fin de conversar o de rezar un momento en su compañía: pero temió interrumpir el sueño de la niña, a quien creía dormida profundamente y acalenturada desde el día anterior.

Así es que, después de haber pasado largas horas en aquella situación penosísima, luchando con ideas funestas y atormentadoras, y con el calor sofocante que había en su cuarto y el que le producía la irritación de la vigilia; cuando oyó que el temporal cesaba, que los árboles parecían quedarse quietos, y que los gallos comenzaban a cantar, anunciando la madrugada y el buen tiempo, la pobre señora acabó por quedarse dormida de nuevo, para no despertar sino muy tarde y cuando los primeros rayos del sol penetraron por las rendijas del cuarto.

Entonces se levantó apresuradamente y corrió al cuarto de su hija.

No la encontró, vio la cama deshecha, pero supuso que se habría levantado mucho antes que ella y que estaría en el patio o en la cocina. La buscó allí, y no hallándola todavía, creyó que andaría recorriendo la huerta, examinando sus flores y viendo los estragos del temporal, y aun se dijo que Manuela hacía mal en exponerse así a la humedad de la mañana, después de haber estado indispuesta el día aÍlterior; que iba a empaparse con el agua de los árboles y a mojarse horriblemente los pies en el lodo de la huerta, que era un bosque espeso, cruzado de *apantles* por todas partes y que se llenaba de charcos con la menor lluvia.

Efectivamente, los naranjos, los zapotes, los mangueras y los bananos dejaban caer una cascada de agua a cada rozamiento de sus ramajes; la luz del sol se reflejaba como en mil diamantes en las gotas de agua que pendían de las menudas hojas, y la grama del suelo se hallaba sumergida en una enorme ciénaga.

Hacía mal la muchacha en andar en la huerta de ese modo

Y la llamó entonces a gritos para reñirla.

Pero habiendo esperado en vano para verla aparecer, y no escuchando su respuesta, comenzó a alarmarse y corrió a buscarla en los lugares que solía frecuentar. Tampoco estaba en ellos. Entonces siguió buscándola y gritándole en todas direcciones, y habiéndole venido una idea repentina volvió a la casa para ver si la puerta de la calle estaba abierta; pero encontrándola perfectamente cerrada y atrancada, tornó a la huerta, llena de sobresalto, suponiendo que quizás su hija habría sido mordida por alguna serpiente y se habría desmayado o tal vez muerto en algún rincón de aquel bosque. La pobre anciana, pálida como la muerte, convulsa de terror y de angustia, se internó en lo más espeso de la huerta, sin cuidarse del lodo ni de la maleza, ni de las espinas, registrándolo todo, llamando por todas partes a su hija con los epítetos más tiernos y más desesperados, con la garganta seca, con los ojos fuera de las órbitas, pudiendo apenas respirar, con el corazón saliéndosele del pecho, loca de dolor y de susto.

Pero nada, Manuela no aparecía.

—Pero, Dios mío, ¿qué es de mi hija? —exclamó, deteniéndose y apoyándose en un árbol, pues sentía que las piernas le flaqueaban.

Nadie le contestaba. La naturaleza seguía indiferente su curso normal. El sol brillaba de lleno iluminando el cielo, limpio ya de nubes, en aquella hermosa mañana de estío, más sereno y más azul después de una noche de borrasca; los pájaros parloteaban alegremente en las arboledas, zumbaban los insectos entre las flores y todo parecía cobrar nueva vida en aquella tierra tropical y vigorosa.

Sólo la pobre madre desfallecía, apoyada en los árboles y sintiendo que el frío de la muerte helaba la sangre en sus venas.

Pasado un momento de angustiosa parálisis, hizo un esfuerzo desesperado y se arrastró hasta el centro de la huerta. Allí tuvo otra idea; y cruzando el *apantle* que rodeaba como un pozo el soto de la adelfa, que era como una rotonda de arbustos en medio de la cual descollaba la vieja y florida planta, se dirigió hacia ésta, y al llegar a ella se detuvo sorprendida. Allí, junto al tronco, había un pozo que se había llenado de agua, y sobre la grama estaba tirada una *tarecua*, la pequeña *tarecua* con que Manuela solía cavar la tierra de su jardín.

Luego observó que, a pesar de la lluvia, la maleza y los arbustos aún permanecían doblados, como si alguna persona se hubiese abierto paso por entre ellos.

Miró con cuidado el suelo, y en la parte que no estaba cubierta por la grama, distinguió huellas de pisadas. Siguió la dirección que ellas marcaban, lo cual era difícil en aquella capa de verdura espesa y áspera, que cubría el suelo, y pudo reconocerla hasta el *apantle*. En los bordes cenagosos de éste, y en la parte inundada por su crecimiento de la noche, la huella se marcaba mejor; era la huella de pies pequeños y desnudos que se habían enterrado profundamente en el cieno. ¿Quién podía haber andado por ahí esa mañana, si no era Manuela? ¿Y quién podía tener esos pies pequeños, sino la joven? Pero, ¿por qué había venido descalza, y habiendo tenido resfrío el día anterior?

La infeliz madre se perdía en conjeturas. Luego, dando algunos pasos más allá de la faja inundada por el *apantle*, volvió a reconocer huella de pisadas: eran las mismas de Manuela, que seguramente tomó la dirección del cercado. En efecto, las huellas seguían hasta la cerca y se detenían junto a las viejas raíces del zapote gigantesco. La anciana trepó con trabajo por ellas y como impulsada por un presentimiento terrible. Sobre la cerca había también señales de haber pasado por ahí alguno. Las plantas parecían haber sido holladas; los tallos de algunas estaban rotos. Doña Antonia se asomó por aquel lugar y examinó atentamente la callejuela. Vio entonces allí, precisamente al pie del lugar en que se hallaba, las huellas bien distintas de pezuñas de caballos, que parecían haberse detenido algún rato allí y que debieron haber sido varios, porque el lodo estaba señalado y removido por numerosas huellas repetidas y agrupadas.

La aguda y fría hoja de un puñal que hubiese atravesado su corazón, no habría producido a la desdichada madre la sensación de intenso dolor y de desfallecimiento que semejante vista le causó.

No comprendía nada, pero adivinó que algo horroroso significaba aquéllo. ¡Su hija, atravesando la huerta en aquella noche, dirigiéndose a la cerca, aquellos caballos deteniéndose allí, como para esperarla, porque era evidente que ningún hombre había andado con ella, todo esto encerraba un misterio inexplicable, pero pavoroso para la pobre señora! ¿Había huido Manuela con algún hombre? ¿Había sido robada? ¿Quién podía ser el raptor?

Doña Antonia apenas pudo dirigirse confusamente tales preguntas, en medio de su atonía y de su terror, porque se sentía aterrada, aniquilada, permaneciendo ahí como idiota, con los ojos clavados en el lado de la calle, con los cabellos erizados, con el corazón palpitante hasta ahogarla, muda, sin lágrimas, sin fuerzas, viva imagen de la angustia y del dolor.

Pero una última esperanza pareció hacerla volver en sí. Pensó que eso era imposible, que era un sueño todo lo que estaba mirando o que nada tenía que ver con su hija aquel conjunto de circunstancias; que Manuela debía haber vuelto a su cuarto, y que si se hubiera fugado, debía haberse llevado su ropa, sus alhajas, algo.

Doña Antonia, bajándose precipitadamente de la cerca, se dirigió vacilando como una ebria, pero corriendo hacia la casa y al cuarto de Manuela; estaba como antes, solitario, la cama deshecha, un baúl abierto. No cabía duda, la joven se había escapado; faltaba su mejor vestido, faltaban sus camisas bordadas, sus alhajas, su calzado nuevo de raso, sus rebozos. Se había llevado lo que podía caber en una pequeña maleta.

Entonces la infeliz anciana, convencida ya de su desdicha, cayó desplomada sobre el suelo y rompió a llorar, dando alaridos que hubieran conmovido a las piedras. Pasado al fin este arranque de dolor supremo, salió de la casa como una insensata, sin cuidarse de cerrarla, y se dirigió a la de su ahijada Pilar, que vivía por ahí cerca, en casa de unos tíos, porque era huérfana. Apenas pudo hablarles unas cuantas palabras para explicarles que Manuela había desaparecido y para rogarles que fuesen con ella a su casa a fin de cerciorarse del hecho.

Acompañáronla, en efecto, sorprendidos y asustados también, especialmente la bella y dulce joven, que lo mismo que su madrina no comprendía nada de tal misterio.

Capítulo 12

La carta

El examen de la huerta y de la calle hecho por los tíos de Pilar y por Pilar misma, no hicieron más que confirmar las sospechas de doña Antonia. Manuela se había escapado en los brazos de un amante.

Los tíos de Pilar encontraron al pie de la cerca, y medio oculta entre la maleza y el lodo, la linterna sorda que había servido a la joven para alumbrarse y que arrojó allí al huir.

Quedaba ahora por averiguar quién o quiénes habían sido los raptores de la joven, y sobre este particular nadie se atrevía a aventurar una sola palabra, porque nadie tenía tampoco en qué fundar la menor conjetura.

La pobre madre, en el paroxismo de su dolor, se había atrevido a mencionar el nombre del honrado herrero de Atlihuayan; pero en el instante, tanto ella como Pilar y sus tíos, habían exclamado con admiración y sorpresa:

—¡Imposible!

—En efecto, ¡imposible! —decía doña Antonia—; ¿qué necesidad tenía Nicolás de arrebatar a la muchacha cuando yo se la habría dado con todo mi corazón?... ¡Soy una tonta y sólo mi aflicción puede disculpar esta palabra imprudente! ¡Que Dios me la perdone! Nicolás no me la perdonaría.

—Además, madrina, Nicolás no era querido, y usted lo sabe muy bien; Manuela no podía sufrir ni su presencia. Habría sido preciso que tanto él como ella fingieran aborrecerse para que esto pudiera ser. Pero, ¿para qué semejante disimulo?

—Pues es claro —replicó doña Antonia—. No, no hay que pensar en ello, pero entonces, ¿quién, Dios mío?

—Será preciso avisar a la autoridad —dijo el tío de Pilar.

En este momento entró en la casa un muchacho, un trabajadorcito de las cercanías, y dijo que unos hombres que iban a caballo con una señora lo habían encontrado muy de madrugada y lo habían detenido más allá de Atlihuayan y al empezar la cuesta del monte, y que la señora, que era muchacha, le había dicho que viniera a Yautepec a traer una carta a su mamá, dándole las señas de la casa.

Doña Antonia abrió apresuradamente el papel, que estaba escrito con lápiz y que no contenía más que estas breves palabras:

Mamá:
Perdóname, pero era preciso que hiciera lo que he hecho. Me voy con un hombre a quien quiero mucho, aunque no puedo casarme con él por ahora. No me llores porque soy feliz y que no nos persigan, porque es inútil.
Manuela.

Al oír estas palabras, todos se quedaron asombrados y mudos, pintándose en sus semblantes la sorpresa y el disgusto que semejante proceder en Manuela les causaba, habiendo sido hasta allí una buena hija. La pobre madre dejó caer el papel de las manos y quedó un momento con la cabeza inclinada, fijos los ojos en tierra, abatida, silenciosa, sombría, como insensata, hasta que un rato después hizo estallar su dolor en terribles sollozos. Acudieron a abrazada y a consolarla su ahijada y los tíos, sin saber qué decirle, sin embargo, para calmar su pena.

–¿Y a quién quejarme ahora? –exclamó–. Aconséjenme ustedes –dijo–, ¿qué haré?

–Veremos al prefecto –respondió el tío de Pilar–. Es necesario que la autoridad tome sus providencias.

–Pero, ¡qué providencias! –repuso la anciana–, cuando ven ustedes que las autoridades mismas no se atreven a salir de la población ni tienen tropas ni manera de hacerse respetar... ¡Si estamos abandonados de Dios! –añadió desesperada.

–Pero, quién podrá ser, pues, el hombre que se la ha llevado? –dijo Pilar–, porque yo no atino absolutamente y es preciso tener siquiera una sospecha que sirviera de indicación...

–¡Y estar yo sola, absolutamente sola! –exclamó doña Antonia, torciéndose las manos de dolor–. ¡Ah! ¡Cómo han abusado de una infeliz vieja, viuda y desamparada!

—No tan sola, madrina, no está usted tan sola —replicó vivamente Pilar—. ¿No cuenta usted con la amistad de Nicolás?

—Es verdad, hija mía, lo había olvidado en mi desesperación. Tengo a ese hombre generoso, que todavía ayer me decía que sin interés ninguno en Manuela, de quien estaba seguro que no lo quería, podía yo contar enteramente con su apoyo, tienes razón, voy a escribirle al momento.

—No es preciso —dijo el tío de Pilar—; yo voy a ensillar en un instante y corro a Atlihuayan para traer a Nicolás. Es necesario que nos ayude siquiera a indagar esto.

El anciano se levantaba para cumplir su oferta, cuando se oyó el ruido de un caballo en la calle y un hombre se apeó en la puerta de la casa.

Era el herrero de Atlihuayan. Todos se levantaron para correr hacia él; doña Antonia se adelantó y apenas pudo tenderle los brazos y decirle sollozando:

—¡Nicolás, Manuela se ha huido!

El joven se puso densamente pálido y murmuró tristemente, con un gesto de amargo desdén:

—¡Ah!, ¡sí, mis sospechas se confirman!

—¿Qué sospechas? —preguntaron todos.

El herrero condujo a la señora al cuarto y todavía de pie, dijo:

—Esta mañana muy temprano un guardacampo vino a decirnos, al administrador y a mí, que en la madrugada, recorriendo los campos que están al pie del monte, y cuando ya había cesado el aguacero, encontró en su casita, en la que no había dormido, a un grupo que se preparaba a salir y a montar a caballo y que seguramente se había guarecido allí del temporal; que recelando de que fuese gente mala, no se acercó por el camino, sino que se metió entre las cañas para observarlo bien. En efecto, eran *plateados*, cuatro hombres y una mujer joven, muy hermosa, llevando un sombrero de alas angostas y al que estaba atando un pañuelo blanco, antes de montar. Por esta detención pudo reconocerlos bien. A la niña parecía haberla visto algunas veces en esta población, y el hombre, que parecía jefe de los otros, era el Zarco.

—¡El Zarco! —exclamaron todos aterrados.

—¡El mismo, el más temible y malvado de esos bandidos, que, según dicen, es joven y no mal parecido! Éste fue quien abrazó a la joven para montarla y quien parece que la llevaba. En el acto emprendieron todos, y a gran prisa, el camino de la montaña, sin reparar en el guardacampo, que no los perdió de vista hasta que ellos encumbraron y se alejaron entre las breñas. Entonces vino a dar parte. Yo no sé qué terrible presentimiento tuve, y sin darme cuenta de por qué lo hacía, monté a caballo y vine a ver si había ocurrido aquí alguna novedad... Así es ‑añadió con intensa amargura‑ que ya saben ustedes con quién se fue Manuela.

—¡Ah! ¡Con razón dice que es inútil perseguirla! —exclamó colérica doña Antonia, mostrando a Nicolás el papel, que él estuvo examinando con profunda atención.

—Efectivamente —repuso el joven—, es perfectamente inútil. ¿Quién iría a perseguir a ese bandido a su cuartel general, en que tiene más de quinientos hombres que lo defienden? Y sobre todo, ¿para qué? ¿No se ha ido ella con toda su voluntad? Cuando una mujer da ese paso, es porque está apasionada del hombre con quien se va. Perseguirla sería matarla también a ella.

—Preferiría yo verla muerta a saber que está en brazos de un ladrón y asesino como ése —dijo resuelta doña Antonia—. No es ahora sólo dolor lo que siento, es vergüenza, es rabia... Quisiera ser hombre y fuerte, y les aseguro a ustedes que iría a buscar a esa desdichada aunque me mataran; ¡mejor para mí! ¡Un *plateado*! ¡Un *plateado*! —murmuró convulsa de ira.

—Pues bien, señora, yo estoy dispuesto a hacer lo que usted quiera, por más que parezca inútil la persecución, no tanto por la gente que acompaña al Zarco, sino por la voluntad terminante con que Manuelita lo ha seguido. Verdaderamente, no ha habido rapto.

—Pero, ¿yo puedo consentir en que mi hija, por más loca de amor que esté, siga a un bandido? ¿Y mis derechos como madre?

—Sus derechos de usted como madre no pueden ser representados sino por la autoridad en este caso, careciendo usted de un pariente próximo ‑dijo el tío de Pilar—. Nosotros ayudaremos a la autoridad, pero es necesario que ella sea quien ordene. ¿Y cree usted que se atreverá con esos bandoleros, cuando apenas puede hacerse obedecer en la población?

—Pero si quisiera...; hoy llega la caballería del gobierno.

—Veremos al prefecto —replicó el anciano—, para decidirlo a que hable al jefe de esa fuerza; pero no olvide usted que esta fuerza no ha podido antier continuar la persecución del Zarco, que fue quien cometió los asesinatos de Alpuyeca, y eso que el gobierno de México había recomendado con todo empeño la persecución.

—Es inútil —exclamaron todos—, es imposible; ni el prefecto ni esos soldados han de querer.

En este momento se oyeron trompetas resonando en la plaza. La caballería del gobierno entraba con toda solemnidad en la población.

Doña Antonia, enloquecida de ira y de dolor, salió apresuradamente de la casa con la intención de hablar al prefecto.

Capítulo 13

El comandante

El pobre prefecto se hallaba en la casa del Ayuntamiento, vestido con su traje dominguero para recibir a la tropa con los honores debidos, y en el momento en que llegó doña Antonia, acompañada del tío de Pilar y de Nicolás, que la habían seguido por deferencia, se entretenía en ver a aquella fuerza mal vestida y peor montada, que se forma en la placita para pasar lista. Mandábala un comandante de mala catadura, vestido de una manera singular, con un uniforme militar desgarrado, y cubierto con un sombrero charro viejo y sucio.

Luego que acabó de pasar su lista, el comandante vino a saludar al prefecto y a manifestarle, lo que era de cajón entonces, que necesitaba raciones para sus soldados y forraje para su caballada, pues debía continuar su marcha esa tarde.

El prefecto dio las órdenes convenientes para facilitar esos elementos, imponiendo a los vecinos acomodados semejante carga, que ellos estaban ya acostumbrados a soportar hacía tiempo.

Después la tropa se acuarteló y el comandante y algunos oficiales fueron invitados por el prefecto a tomar algunas copas y a comer en la Prefectura.

Tales eran los deberes que se imponía entonces la autoridad política de los pueblos para con esos militares, que ni defendían a la gente pacífica ni se atrevían a encararse con los bandidos de que estaba llena la comarca.

–¿Qué tal, comandante –preguntó el prefecto–, ayer y antier han tenido ustedes una buena tarea con los *plateados*?

–Fuerte, señor prefecto –respondió el comandante atusándose los ásperos bigotes–, muy fuerte; no hemos descansado ni de día ni de noche.

–¿Y lograron ustedes algo?

–¡Oh!, les dimos una *correteada* a los *plateados*, terrible. Estoy seguro de que en muchos días no volverán a aparecerse en la cañada de Curnavaca. Han quedado escarmentados.

–¿Cogieron ustedes algunos, eh?

–Sí: y los hemos dejado colgados, por ahí, de los árboles, en donde se estarán campaneando... a esta hora.

–Pero, ¿cayeron todos?

–Todos, no, usted sabe que eso es dificil. Esos cobardes no atacan más que a la gente indefensa, pero luego que ven tropa organizada, como la mía, corren, se dispersan.

–Pero el Zarco..., porque dicen que fue el Zarco el que mandaba la gavilla.

–Sí, él fue, pero es el más *correlón* de todos. Ni siquiera nos esperó, de modo que cuando nosotros llegamos a Alpuyeca, *ni su luz del* Zarco. En vano quisimos darle alcance. Luego que hizo su robo, apenas se detuvo a recoger a sus heridos y se largó precipitadamente, de modo que no dimos ni con su rastro. En ningún pueblo ni rancho de los que atravesamos en su persecución pudieron damos razón de él, sea que no hubiera pasado por allí o sea que tenga en todas partes cómplices, lo cual es más probable. El caso es que no pudimos continuar con mi caballería en aquellos montes tan escabrosos.

–Pero, entonces, señor comandante –preguntó el prefecto con malignidad–, ¿a quién cogieron ustedes por fin, porque acaba usted de decirme que dejaron algunos colgados en los árboles?

–¡Oh, amigo prefecto –contestó el militar sin desconcertarse–, tomamos algunos sospechosos de quienes estoy seguro que eran sus cómplices; yo los conozco bien a estos pícaros, no pueden disimular su delito; corren de nosotros cuando nos divisan, se ponen descoloridos cuando les hablamos, y a la menor amenaza se hincan, pidiendo misericordia! Ya usted ve que estas son pruebas, porque si no, ¿por qué habían de hacer todo eso? Su delito los acusa, son los cómplices, los que avisan a los bandidos, los que ocultan su marcha y los que participan del botín. A varios de esos, y según mi parecer, los más importantes, es a quienes he dejado dando vueltas en el aire... ¡Servirá de ejemplo! ¿No le parece a usted?

De manera que el valiente militar había fusilado a algunos infelices campesinos y aldeanos, por simples sospechas, a fin de no presentarse ante su jefe, en Cuernavaca, con las manos limpias de sangre.

El prefecto lo comprendió así y por tal motivo respondió insistiendo:

—Sí, señor comandante, eso estuvo bueno siempre; pero, por fin, ¿y el Zarco?

—El Zarco, señor prefecto, debe hallarse ahora muy lejos de aquí; tal vez en el distrito de Matamoros o cerca de Puebla, para repartirse el robo con toda seguridad. ¡Bonito él para haberse quedado en este rumbo!

—Pero dicen —objetó el prefecto— que tiene su madriguera en Xochimancas a pocas leguas de aquí, y que cuenta con más de quinientos hombres. Al menos es lo que se dice por aquí, y lo que sabemos, porque frecuentemente se desprenden de allí partidas para asaltar las haciendas y los pueblos. En esa madriguera es donde guardan sus robos, en donde tienen a los *plagiados*, sus caballos, sus municiones, en fin; parece, según noticias que recibimos diariamente, que allí viven como en una fortaleza, que tienen hasta piezas de artillería, hasta músicas y charangas que llevan algunas veces a sus expediciones y que les sirven también para divertirse en sus bailes.

—Ya sé, ya sé —replicó el comandante con cierto enfado—: pero usted conoce lo que son las exageraciones del vulgo. Todo eso son cuentos; habrán buscado allí refugio alguna vez, habrán permanecido allí dos o tres días, habrán hecho tocar dos o tres clarines, y el miedo de los pueblos ha inventado lo demás, porque no me negará usted, señor prefecto, que ustedes viven muertos de miedo y que ni parecen hombres los que viven en estas comarcas.

—Pero, con razón, señor comandante —dijo el prefecto, picado en lo vivo—, con muchísima razón si todos esos que usted dice que son cuentos, nos parecen a nosotros realidades; si vemos atravesar por nuestros caminos partidas de cien y de doscientos hombres, bien armados y montados; si se llevan al cerro todos los días a los vecinos de los pueblos y a los dependientes de las haciendas; si se meten donde quiera como en su casa, ¿Cómo no hemos de creer?

—Pues bien, y ustedes, ¿por qué no se defienden?, ¿por qué no se arman?

—Porque no tenemos con qué; todos estamos desarmados.

–Pero ¿por qué?

–Le diré a usted: teníamos armas para la defensa de las poblaciones, es decir, armas que pertenecían a las autoridades y armas que habían comprado los vecinos para su defensa personal. Hasta los más pobres tenían sus escopetas, sus pistolas, sus machetes. Pero pasó primero Márquez con los *reaccionarios* y quitó todas las armas y los caballos que pudo encontrar en la población. Algunas armas se escaparon sin embargo, y algunos caballos también, pero pasó después el general González Ortega con las tropas liberales y mandó recoger todas esas armas y todos esos caballos que habían quedado, de manera que nos dejó con los brazos cruzados. Luego, los bandidos apenas saben que alguno tiene un caballo regular, cuando en el acto se meten a cogerlo. ¿Quién quiere usted que compre ya ni armas, ni caballos, sabiendo que los ha de perder de todos modos? Además, aun cuando nos queden machetes y cuchillos, ¿cree usted que nos vamos a poner con quienes traen buenos mosquetes y rifles?

–Pues, hombre –replicó el militar reflexionando–, eso sí está malísimo, porque así cualquiera puede burlarse de ustedes. ¿y qué hacen entonces?

–Lo único que hacemos es huir o escondemos. Tenemos un vigilante en la torre, durante el día. Cuando toca la campana, dando la alarma, las familias se esconden en el curato o donde pueden, en lo más oculto de las huertas; los hombres corren y las autoridades... nos sumimos •añadió el pobre prefecto, encogiéndose de hombros en ademán de vergüenza y de resignación.

–¡Caramba, hombre, eso es atroz! –exclamó el comandante sirviéndose una gran copa de coñac–. Yo no sería autoridad aquí por nada de esta vida.

–Pues yo he renunciado a la prefectura cincuenta veces; pero no me admiten la renuncia, y como es lo mismo...

–¿Cómo lo mismo?

–Pues claro; es lo mismo que haya prefecto como que no lo haya; dirán que tanto da que yo esté como que esté otro, y mientras, aquí me tiene usted limitándome a dar forraje y raciones a las tropas que pasan, sin poder hacer más, sin disponer de un solo guarda, de un solo soldado, de nadie... escondiéndome por la noche, porque de noche quedamos expuestos a todo, sin poder ejercer la vigilancia que tenemos de día, trabajando en nuestros quehaceres, siempre con sobresalto. De manera que no son cuentos los que le referimos a usted; no son invenciones del miedo. Son verdades, y se las dirá a usted todo el mundo.

En el instante en que el prefecto acababa de hablar, doña Antonia, cansada de esperar que concluyese la conversación, se hizo anunciar por conducto del secretario de la oficina, diciendo que tenía un negocio muy urgente que comunicar, tanto al prefecto como al comandante.

—Que entre —dijo el prefecto.

Doña Antonia se presentó llorando y desesperada.

—¿Qué le pasa a usted, doña Antonia? —preguntó el prefecto con interés.

—¡Qué me ha de pasar, señor prefecto, una gran desgracia!, que mi hija ha sido robada anoche.

—¡Su hija de usted! ¡Manuelita! ¡La muchacha más linda de Yautepec! •dijo el prefecto, dirigiéndose al comandante, que se volvió todo orejas.

—Sí, señor, Manuela, ¡me la han robado!

—¿Y quién, vamos, diga usted?

—¡El Zarco! —exclamó furiosa doña Antonia—, ¡ese gran ladrón y asesino!

—¿Ya ve usted, señor comandante? —dijo el prefecto, sonriendo con malicia—. No anda tan lejos como usted creía; todavía está por aquí robándose muchachas, después de haber robado y asesinado en la Cañada.

—Pero, ¿cómo ha sido eso?..., diga usted pronto, señora —dijo el militar levantándose.

Doña Antonia refirió los hechos que ya conocemos. Nicolás fue llamado a declarar lo que sabía, y no hubo ya duda de que, en efecto, el Zarco había sido el raptor.

—Y bien, ¿qué quiere usted ahora que se haga?

—Señor —respondió la anciana en actitud suplicante—, que usted haga perseguir a ese bandolero, que le quiten a mi hija, y yo daré lo poco que tengo si lo logran. Que la traigan viva o muerta, pero ha de ser pronto, señor; pueden encontrarla muy cerca de aquí, en Xochimancas, que es donde el Zarco tiene su madriguera. Ya sé, señor prefecto, que usted no tiene tropa, ni gente de quien disponer para eso; pero ahora que está aquí este señor militar con su tropa, puede prestar este servicio a la justicia y a la humanidad.

—¿Qué dice usted, comandante? —preguntó con sorna el prefecto.

—¡Imposible, señor prefecto, imposible! —repitió con resolución—; yo tengo orden de continuar mi marcha para Cuautla, como que se trata de escoltar a un señor muy amigo del señor presidente, don Benito Juárez, que tiene que ir a México. Ya usted supondrá que cuando no he podido continuar la persecución de ese malvado ayer, y por causa de un robo y de asesinatos, menos he de poder entretenerme en ir a buscar a una muchacha por esos andurriales... ¡Bah!... ¡Bah...!, déjenos usted en paz, señora, ya se contentará la niña con el bandido ese, ¡no tiene remedio! ¡La tropa del gobierno no puede perder el tiempo en andar rescatando muchachas bonitas! Además, yo no conozco bien estos terrenos.

—Pero yo sí los conozco —dijo Nicolás—, y si el señor prefecto lo dispusiera, algunos amigos míos y yo acompañaríamos a la tropa del gobierno para guiarla y ayudarle en sus pesquisas.

—Pues si este muchacho tiene algunos amigos que lo acompañen, supongo que armados, ¿por qué no va él a hacer la persecución? •preguntó el comandante.

—Porque sería lo mismo que sacrificamos inútilmente —respondió Nicolás—. Mis amigos y yo seremos a todo rigor diez, y los bandidos a quienes podemos encontrar en Xochimancas pasan de quinientos o por lo menos son trescientos; ¿qué podríamos hacer diez contra trescientos? Moriríamos estérilmente. No así yendo la tropa del gobierno, porque tiene más de cien hombres, y además los que iríamos de aquí, que estamos bien armados y que, apoyados en la tropa, serviríamos de algo. Conocemos caminos por los que lograríamos sorprender a los *plateados*.

—Pero, ¿toda esa pelotera y ese empeño por una muchacha? —dijo el comandante, que no se dejaba convencer.

—No, señor —repuso indignado Nicolás—; no sería solamente por la muchacha, porque se lograrían otros fines que son de mayor importancia. Se lograría acabar con esa guarida de malhechores que tienen azorado el distrito; se lograría tal vez matar o coger a los asesinos a quienes persiguió el señor comandante ayer y antier inútilmente; se les quitaría el robo, se les quitarían los demás robos que tienen guardados allí, se libertaría a los hombres que tienen *plagiados* hace tiempo, y el señor comandante cumpliría con su deber restableciendo la seguridad en todo este rumbo. Yo creo que hasta el Supremo Gobierno se lo agradecería.

—A mí nadie me enseña mis deberes como soldado —respondió el comandante con los ojos centelleantes de cólera, y comprendiendo que no podía contestar de otro modo a las razones del joven—. Yo sé lo que debo hacer, y para eso tengo superiores que me ordenen lo que crean conveniente. ¿Quién es usted, amigo, para venir aquí a imponerme leyes y a hablarme con ese tono?

—Señor —dijo Nicolás, encarándose con dignidad al comandante—, yo soy un vecino honrado del distrito; soy el encargado de la herrería de la hacienda de Atlihuayan, y el señor prefecto sabe que he prestado no pocos servicios cuando la autoridad los ha necesitado de mí. Además, soy un ciudadano que sabe perfectamente que usted es un jefe de seguridad pública, que la tropa que usted trae está pagada para proteger a los pueblos, porque no es tropa de línea consagrada exclusivamente al servicio militar de la Federación, sino que es fuerza del Estado, despachada para perseguir ladrones, y ahora precisamente le estamos proporcionando a usted la oportunidad de cumplir con su comisión.

—¡Usted qué sabe de eso, don cualquiera, ni qué tiene usted que gritarme aquí ni qué leerme la cartilla, ni quién le ha dado a usted facultades para hablarme en ese tono! ¿Quién es ese hombre, señor prefecto? —preguntó el comandante en el paroxismo del furor, con los bigotes erizados y poniendo mano en el puño de su pistola de Colt, que llevaba ceñida a la cintura.

—Este muchacho —respondió el prefecto palideciendo, porque temió algún desmán del soldadote, que como todos los de su ralea era un gran insolente con los hombres honrados y pacíficos—, este señor es, en efecto, un vecino muy honrado y muy apreciable, que ha prestado muy buenos servicios a los pueblos y que es muy estimado de todos.

—Pues no le valdrá todo eso de nada para evitar que yo lo fusile —dijo el comandante—; yo le enseñaré a no faltar al respeto a los militares.

Nicolás se cruzó de manos impasible y contestó sin arrogancia, pero con un acento frío y altivo:

—Haga usted lo que quiera, señor militar; usted tiene allí su fuerza armada. Yo estoy solo, sin armas y delante de la autoridad de mi población. Puede usted fusilarme, no lo temo y ya lo estaba yo esperando. Era muy natural: no ha podido usted o no ha querido perseguir o fusilar a los bandidos a quienes era necesario combatir arriesgando algo, y le es a usted más fácil asesinar a un hombre honrado que le recuerda a usted sus deberes. Es claro..., esto no será glorioso para usted, pero sí lo único que puede y sabe hacer.

—¿De manera que usted cree que yo me valgo de la fuerza para castigar la insolencia de usted?

—Así lo creo —repuso Nicolás, siempre cruzado de brazos y con un acento frío y seguro.

—Pues se equivoca usted, amigo —gritó el comandante—. Yo no necesito de la fuerza armada para castigar a los que me insultan. Yo sé corregirlos hombre a hombre.

—¡Sería de ver! —respondió Nicolás, con una ligera sonrisa de desprecio—. Y precisamente —añadió, por aquí cerca de Yautepec hay algunos lugares bastante solitarios en que podría usted dar pruebas de ese valor. Deje usted aquí a su tropa, montaremos a caballo los dos y nos iremos juntos a escoger el sitio a propósito.

—¿Sí, me desafía usted? —preguntó el militar, lívido de rabia.

—Yo acepto, señor comandante. Usted ha dicho que es muy capaz de castigar a los que le insultan hombre a hombre y sin valerse de la fuerza. Yo acepto y estoy dispuesto, con iguales armas y donde a nadie favorezca más que su propio valor.

—Bueno —dijo el comandante—, ahora verá usted si soy capaz.

Y saliendo precipitadamente de la pieza, gritó a varios soldados que estaban por ahí:

—¡Hola, sargento, préndanme ustedes a ese pícaro y ténganlo en el cuartel con centinela de vista! Si se mueve, mátenlo.

—¡Bonita manera de arreglar las cosas hombre a hombre! —murmuró Nicolás, mirando al comandante con un gesto de profundísimo desdén.

—¡Ahora verá usted si me echa bravatas, insolente!

—Pero, señor comandante —dijo el pobre prefecto, interponiéndose en actitud suplicante—, dispense usted a este muchacho; es un exaltado, pero es hombre de bien, incapaz de cometer el más mínimo delito.

—¡Cállese usted, señor prefecto del demonio —replicó el militar, furioso como un energúmeno—, cállese usted o también me lo llevo! Para eso nada más sirven ustedes las autoridades de aquí, para dar alas a los zaragates. ¡Ya verá usted si hago otro ejemplar! Llévenselo, llévenselo •dijo a los soldados que se apoderaron de Nicolás, el cual no hizo ninguna resistencia, contentándose con decir al prefecto:

—No ruegue usted, señor prefecto; deje usted que hagan lo que quieran, pero no humille usted su autoridad.

Sin embargo, el prefecto comprendía que aquel militar fanfarrón y cobarde era capaz de cumplir sus amenazas. Por aquel tiempo y en aquellas comarcas, tales hechos no eran, por desgracia, sino muy frecuentes. Los bandidos reinaban en paz, pero, en cambio, las tropas del gobierno, en caso de matar, mataban a los hombres de bien, lo cual les era muy fácil y no corrían peligro por ello, estando el país de tal manera revuelto y las nociones de orden y moralidad de tal modo trastornadas, que nadie sabía ya a quién apelar en semejante situación.

Las autoridades locales eran autoridades de burlas en las poblaciones y cualquier militarcillo, por inferior que fuese, se atrevía a ultrajar y humillarlas.

El infeliz magistrado de Yautepec no pudo hacer otra cosa que reunir al Ayuntamiento, que se reunió, en efecto, con gran temor, no sabiendo qué deliberar. Además, el prefecto envió inmediatamente aviso al administrador de la hacienda de Atlihuayan, quien en el acto montó a caballo y se dirigió a galope a Yautepec, acompañado de los dependientes principales de la hacienda, con el objeto de procurar la libertad del honrado herrero.

Capítulo 14

Pilar

En cuanto a Doña Antonia, desde el principio del altercado de Nicolás con el comandante, viendo el giro que tomaba aquel asunto, comprendiendo, en fin, que no tenía que esperar nada de las autoridades y que, por el contrario, iba a cometerse una gran injusticia y tal vez un crimen con su generoso defensor, había caído en un extremo tal de abatimiento que por un instante se la creyó enferma. Pero nadie le hizo caso, estando todos atentos al desenlace de aquella terrible discusión.

Cuando los soldados se llevaron a Nicolás preso, la pobre señora ni aun fuerzas tuvo para levantarse y seguirlo, contentándose con gemir arrinconada y atónita en un banco de la Prefectura.

Por fin, cuando el prefecto salió, ella también, acompañada del tío de Pilar y de varios vecinos, se dirigió a la casa, en donde la esperaban la joven Pilar, su tía y algunos vecinos y vecinas que se interesaban en su desgracia.

Refirióles en pocas palabras lo que acababa de suceder, y agotadas sus fuerzas por tantos sufrimientos, débil, extenuada, porque no había tomado alimento alguno desde la mañana y habiéndose empapado de agua en la huerta, al hacer sus primeras pesquisas, se arrojó en la cama temblando de fiebre. Su ahijada y aquellas gentes piadosas le prodigaron los primeros cuidados. Pero la buena y bella joven, tan luego como aplicó las medicinas necesarias a su madrina, comenzó a ocuparse en otra cosa que la había conmovido hasta el fondo del alma.

La noticia de la prisión de Nicolás había sido para ella un rayo. Se sintió trastornada, pero disimuló cuanto pudo su ansiedad y su congoja en presencia de sus tíos y de aquellas gentes extrañas, tomó su rebozo, y pretextando que iba a traer algunas medicinas, se lanzó a la calle. ¿Adónde iba? Ni ella misma lo sabía; pero sentía necesidad de ver a Nicolás, de hablarle, de ver a algunas personas, de procurar, en fin, salvar a aquel joven generoso que tiempo hacía que era el ídolo de su corazón, ídolo tanto más amado cuanto que había tenido que rendirle culto en silencio y en presencia de una rival muy querida de él y muy querida también de ella.

En otras circunstancias, ella, dulce, resignada por carácter, tímida y ruborosa, habría muerto antes que revelar el secreto que hacía al mismo tiempo la delicia y el tormento de su corazón. Pero en aquellos momentos, cuando la vida del joven estaba peligrando y lo suponía desamparado de todos y entre las garras de aquellos militares arbitrarios y feroces, la buena y virtuosa joven no tuvo en cuenta su edad ni su sexo; no reparó en que su educación retraída había producido el aislamiento en torno suyo; no temió para nada el qué dirán de las gentes de su pueblo; no pensó más que en la salvación de Nicolás, y por conseguida salió de la casa de su madrina y se dirigió apresuradamente al cuartel en que le habían dicho que acababan de poner incomunicado al herrero.

Éste no se hallaba en prisión alguna, porque aquel cuartel provisional estaba en una casa de la población que no tenía las condiciones requeridas. Así es que Nicolás había sido puesto en un portal que daba a la calle, y allí lo guardaban dos centinelas de vista y la guardia, que se hallaba alojada allí mismo. De modo que la joven pudo verlo, desde luego mezclándose al grupo de gente que se había acercado a la casa por curiosidad.

Pilar se salió del grupo, y adelantándose hacia el prisionero, que reparó en ella en el instante, y que se levantó en ademán de recibida, no pudo pronunciar más que esta palabra, entre ahogados sollozos:

—¡Nicolás!

Y cayó de rodillas en el suelo, muda de dolor y anegada en llanto.

Nicolás iba a hablarle, pero el sargento de la guardia se interpuso, y algo compadecido de la joven, le dijo:

—Sepárese, señorita, porque el reo está incomunicado y no puede hablarle.

—Pero si es mi..., ¡pero si es pariente mío! —dijo Pilar en ademán de súplica.

—No le hace —replicó el sargento—, no puede usted hablarle; lo siento mucho, pero es la orden.

—Una palabra nada más! ¡por compasión, déjeme usted hablarle una sola palabra!

—No se puede, niña —dijo el sargento—; retírese usted; si viene el comandante puede que la maltrate, y es mejor que se vaya...

—¡Que me mate —dijo ella—, pero que se salve él!

Estas palabras, que llegaron a los oídos de Nicolás, muy claras y perceptibles, le revelaron toda la verdad de lo que pasaba en el alma de la hermosa joven y fueron para él como una luz esplendorosa que iluminó las nubes sombrías en que naufragaba su espíritu. ¡Pilar lo amaba, y esa sí que sabía amar! ¡De manera que él había estado embriagándose por mucho tiempo con el aroma letal de la flor venenosa, y había dejado indiferente a su lado a la flor modesta y que podía darle la vida!

¡Qué dicha la suya en saberlo!, pero ¡qué horrible desventura la de saberlo en aquel momento, tal vez el último de su existencia, porque Nicolás no dudaba de que el comandante ejercería su venganza en el camino aquella misma tarde! Había sido la humillación del militar tan cruel y vergonzosa, que no podría perdonarla, con tanta más seguridad, cuanto que, en aquel tiempo, ningún temor podría contenerlo, siendo esta clase de arbitrariedades y crímenes el pan de cada día.

Pasó, por la cabeza de Nicolás, como un vértigo; todo aquello era superior a sus fuerzas, con ser ellas tantas, y con tener un carácter de bronce, como el suyo, fundido al fuego de todos los sufrimientos. No quiso ver más; cubrióse el rostro con las manos, como para no dejar ver dos lágrimas que brotaron de sus ojos. Pero pasado ese instante de crisis tremenda, se levantó de nuevo para ver a Pilar. Ésta, empujada suavemente por el sargento, se alejaba del cuerpo de guardia, pero volvía frecuentemente la cabeza, buscando a Nicolás. En una de esas veces, Nicolás le dio las gracias poniendo la mano sobre su corazón y le hizo seña de que se alejara. ¡Hubiera querido expresarle con el ademán cuánto gozaba sabiendo que era amado por ella, y asegurarle que, en aquel momento, un amor profundo y tierno acababa de germinar en su corazón sobre las cenizas de su amor malsano de los pasados días!

Pero aquella gente curiosa, aquellos soldados le habían impedido tal expansión, y más que todo su sorpresa, su aturdimiento, casi podría decirse su felicidad. Así, pues, volvió a caer desplomado en el banco de piedra en que le habían permitido sentarse y se abandonó a profundas y amargas reflexiones.

Pilar, entre tanto, no descansó un instante. Fue a ver al prefecto, a quien encontró precisamente con los regidores y alcaldes, y con los dependientes de la hacienda, que deliberaban acerca de lo que debía hacerse para evitar que Nicolás fuese llevado preso. La joven se presentó a ellos llorando, les suplicó que a toda costa no abandonasen a Nicolás, y que si era posible le acompañaran en la marcha, porque tal vez eso evitaria que se cometiese un crimen en el camino, y no se retiró sino cuando todos le aseguraron que, si no conseguían libertario inmediatamente, acompañarían a la tropa.

Después se volvió a su casa y preparó algún alimento que llevó al prisionero ella misma, teniendo cuidado de confiarlo al sargento que antes le había hablado, y a quien deslizó una moneda en la mano, rogándole que dijese al preso que no tuviese cuidado, que velarían por él.

Nicolás comprendió que la joven había hecho mil gestiones en su favor, pero ¿cuáles fueron esas gestiones, y de qué modo y quiénes velarían por él? Eso no lo sabía, ni necesitaba saberlo. Desde aquel momento, algo como la confianza de un ser divino se hizo lugar en su ánimo. Había un ángel que lo protegía y por más que el herrero supiese que Pilar era una niña oscura, débil, tímida, sin relaciones poderosas, algo le decía íntimamente que esa niña, inspirada por el amor, se había convertido en una mujer fuerte, atrevida y fecunda en recursos.

Así pues, reanimado con aquella seguridad interior, ya no temió por su existencia y se abandonó a su suerte confiado y tranquilo.

Apenas acababa de hacer estas reflexiones consoladoras y de tomar algún alimento, cuando se tocó en el cuartel la botasilla y la tropa se preparó a marchar.

Un rato después trajeron a Nicolás un caballo flaco y mal ensillado, y lo obligaron a montar en él y a colocarse entre las filas. Luego se formó la caballería, y el comandante llegó casi ebrio, y poniéndose a la cabeza de la tropa, salió de la población mirando con ceño a los numerosos grupos de gente que se agolpaban en las calles para manifestar un interés en favor del joven herrero, que marchaba tranquilo en medio de los dragones.

Nicolás buscaba con anhelo entre aquellos grupos a la bella niña, y no encontrándola, su frente se nubló. Pero al llegar la tropa a la orilla del pueblo, y entrando en el camino que conduce a Cuautla por las haciendas, se encontró un gran grupo de gente a caballo compuesto del prefecto, de los regidores, del administrador de Atlihuayan, de sus dependientes y de otros particulares muy bien armados. Junto a ellos y en la puerta de una cabaña, al extremo de una gran huerta, se hallaban Pilar y sus tíos. La hermosa joven tenía los ojos encarnados, pero se mostraba tranquila y procuró sonreír al descubrir a Nicolás y al decirle adiós, como diciéndole: *Hasta luego*.

Nicolás, al verla, ya no pensó más en su situación, sintió solamente el vértigo del amor, el golpe de sangre que afluía a su corazón, que ofuscaba sus ojos con un dulce desvanecimiento. Púsose encendido, saludó a Pilar con apasionado cariño, y volvió varias veces la vista para fijar en ella una mirada de adoración y de gratitud. La amaba ya profundamente; aquel amor acababa de germinar en su alma y había echado ya hondas raíces en ella. En tres horas había vivido la vida de tres años, y había poblado aquella fantasía ardiente con todos los sueños de una dicha retrospectiva y malograda.

Por su parte, Pilar no ocultaba ya sus sentimientos desde el instante que ellos estallaron con motivo del terrible riesgo que estaba corriendo Nicolás. Salvarlo era ahora todo su objeto, y poco le importaba lo demás.

El famoso comandante, que según ha podido comprenderse era demasiado receloso, se alarmó al ver aquella cabalgata que parecía esperarlo en actitud amenazadora, y picando su caballo se dirigió al prefecto.

—¡Hola, señor prefecto!, ¿qué hace tanta gente aquí?

—Esperándolo a usted —respondió el funcionario.

—¿A mí?, ¿para qué?

—Para acompañarlo, señor, hasta Cuautla.

—¿Acompañarme?; ¿y con qué objeto?

—Con el de responder de la conducta de ese muchacho a quien lleva usted preso, ante la autoridad a quien va usted a presentarlo.

—¿Y qué autoridad es ésa, señor prefecto?

—Usted debe saberlo —respondió secamente el prefecto, que parecía más resuelto, apoyado como estaba por numerosos vecinos bien armados—. Yo sólo sé que soy aquí la primera autoridad política del distrito, y que no tengo superior en él en lo relativo a mis facultades. El señor juez de primera instancia es también la primera autoridad del distrito en el ramo judicial; él está aquí, porque lo es actualmente el señor alcalde. Así es que supuesto que usted se lleva preso a un ciudadano que de uno o de otro modo debería estar sometido a nuestra jurisdicción, claro es que va usted a presentarlo a alguna autoridad que sea superior a la nuestra, y nosotros vamos a presentarnos también a esa autoridad para informarle de todo y para lo que haya lugar.

—Pero, ¿sabe usted que yo tengo facultades para hacer lo que hago? —dijo el militar, queriendo salir del aprieto en que lo habían puesto las razones del prefecto.

—No, no lo sé —contestó éste—, usted no ha tenido la bondad de enseñarme la orden que así lo diga, ni a mí se me ha comunicado nada por el gobierno de Estado, que es mi superior. Si usted trae la orden... puede enseñármela.

—Yo no tengo que enseñarle a usted órdenes ningunas —respondió el militar con altanería—. Yo no recibo órdenes más que de mis jefes, ni tengo que dar cuenta de mi conducta más que a mis jefes.

—Por eso vamos a ver a esos jefes de usted —replicó el prefecto con decisión.

—Pues entonces es inútil que ustedes me acompañen, porque mis jefes no están en Cuautla, sino en México.

—Pues iremos a México —insistió el prefecto, secundado por el administrador de Atlihuayan, que también repitió—: ¡Sí, señor, iremos a México!

—Y ¿si yo no lo permito?

—Usted no puede impedir que sigamos a la tropa de usted. Yo soy el prefecto de Yautepec, conmigo vienen el Ayuntamiento y varios vecinos honrados y pacíficos, ¿con qué derecho nos podría usted evitar que fuésemos a donde usted va?

—Pero ¿saben ustedes que ya me está fastidiando esta farsa y que puedo hacer que se concluya?

—Haga usted lo que guste; nosotros haremos entonces lo que debemos.

El comandante estaba furioso. Mandó hacer alto a su caballería y conferenció un momento con sus capitanes. Tal vez hubiera querido cometer una arbitrariedad, pero no era fácil que ella quedara impune. El prefecto estaba allí acompañado del Ayuntamiento, de los dependientes de la hacienda de Atlihuayan y de numerosos vecinos bien montados y armados. En un momento podían reunírsele otros vecinos, aunque sin armas, y tomar aquello un aspecto formidable.

El comandante decidió, pues, soportar aquella afrenta, pero no soltar a Nicolás. Volvió hacia el grupo en que se hallaba el prefecto, y le dijo:

—¿De manera que ustedes han salido para quitarme al reo, al hombre?

—No, señor —replicó el prefecto—; ya hemos dicho a usted que nuestro objeto es seguirle hasta Cuautla o hasta México, y no podrá usted acusarnos de agresión alguna.

—¡Era bueno que ustedes mostraran esta resistencia contra los bandidos, como la muestran contra las tropas del gobierno!

—Sí, la mostraremos —replicó indignado el prefecto—, si las tropas del gobierno en lugar de perseguir a esos bandidos, pues para eso les pagan, no se emplearan en perseguir a los hombres de bien. Se le ha ofrecido a usted el auxilio de hombres de aquí para perseguir a los *plateados* y usted no ha querido y precisamente ése es el delito por el que lleva usted preso a ese honrado sujeto.

—Bueno, bueno —dijo el comandante—, pues ya veremos quién tiene razón; síganme ustedes a donde quieran, que lo mismo me da... Y mandó continuar la marcha.

El prefecto siguió aliado de la columna de caballería, pero Nicolás pudo ya estar seguro de que nada le sucedería.

Así caminaron toda la tarde, y ya bien entrada la noche llegaron a Cuautla, en donde el prefecto de Yautepec fue a hablar a su colega del distrito de Morelos y a poner en juego todas sus relaciones con el objeto de lograr la libertad del herrero.

El comandante puso un extraordinario a Cuernavaca, acusando al joven como hombre peligroso para la tranquilidad pública, presentando lo acaecido en Yautepec como una rebelión y dándose aires de salvador y de enérgico, pero el prefecto de Yautepec y el Ayuntamiento, así como las autoridades de Cuautla, se dirigieron al gobernador del Estado y al gobierno federal, y el administrador de Atlihuayan, al dueño de la hacienda y a sus amigos en México, relatando lo ocurrido. Cruzáronse numerosos oficios, informes, recomendaciones, y se gastó tinta y dinero para aclarar aquel asunto. Nicolás permaneció preso en el cuartel de aquella tropa, que aún esperaba órdenes para escoltar al amigo del presidente. Pero al tercer día llegó una directa del Ministerio de la Guerra para poner en libertad al joven herrero, mandando que el comandante se presentase en México a responder de su conducta.

Todo este embrollo y esta irregularidad eran cosas frecuentes en aquella época de guerra civil y de confusión. Así, pues, del rapto cometido por el Zarco, sólo habían resultado la grave enfermedad de la pobre madre y la prisión del herrero de Atlihuayan, la conmoción de las autoridades de Yautepec, muchas comunicaciones, muchos pasos, muchas lágrimas, pero el delito había quedado impune.

Verdad es que también había resultado la dicha de dos corazones buenos; éste era el único rayo de sol que iluminaba aquel cuadro de desorden, de vicio y de miseria.

Capítulo 15

El amor bueno

Nicolás, apenas libre, voló a Yautepec. ¿Qué había pasado allí durante su corta ausencia? ¡Temblaba de pensar en ello! Incomunicado rigurosamente desde que salió de Yautepec hasta que fue puesto en libertad, nada había podido saber acerca de la suerte de doña Antonia, ni de Pilar, pero apenas pudo comunicarse con algunos de los vecinos de Yautepec, que habían acudido a hablarle, cuando supo que la infeliz madre de Manuela, demasiado débil para resistir tantos golpes, había caído en cama, atacada de un violento acceso de fiebre cerebral. Era muy posible que la pobre señora hubiera sucumbido. ¿Y Pilar? Indudablemente la bella y buena joven habría prodigado toda especie de cuidados a su madrina; era seguro que no se habría separado un solo instante del lecho de la enferma que, abandonada tan miserablemente por su hija, se encontraba, sin embargo, rodeada de gentes bondadosas y caritativas, pero sobre todo de aquel ángel, que más que su ahijada, parecía ser su verdadera hija, heredera de su virtud, de su sensatez y de su noble carácter.

Pero en el seno de aquella familia improvisada por la desgracia, junto al lecho de aquella anciana moribunda, hacía falta un hombre, un apoyo, una fuerza que infundiera aliento a los demás y proveyese a las necesidades que siempre aumenta el desamparo. Y ese hombre, ¿quién podía ser sino él, Nicolás, el hombre a quien aquella virtuosa señora había escogido para su yerno, y había amado como a un hijo suyo, el que, a su vez huérfano desde su infancia, había concentrado en ella todo su afecto filial? ¡Cómo le habría buscado la enferma en su delirio! ¡Cómo habría también Pilar invocado su nombre en silencio, deseando verlo a su lado, en aquellos momentos de horrorosa angustia! Este último pensamiento era, en medio de su ansiedad, como una gota de néctar que caía en su corazón que rebozaba amargura.

Desde su salida de Yautepec, preso y amenazado de muerte por aquel militar insolente y arbitrario, Nicolás no había hecho más que pensar en aquellos dos objetos de su cariño: doña Antonia y Pilar, y su espíritu agitado pasaba sin cesar del infortunio de la desdichada señora, al amor de la hermosa joven, amor tanto más grato, cuanto que se había revelado de súbito, y justamente cuando se habían oscurecido para él todos los horizontes de la vida.

Así es que aquel enamorado joven, en los días precedentes, apenas había concedido su atención al estado que guardaba, a la incomunicación en que se le mantenía, a las mil incomodidades de su prisión, al peligro mismo de una resolución desfavorable a las gestiones que se hacían para libertarle, a todo.

Doña Antonia y Pilar eran su preocupación única, y no ver a estas dos personas, que para él encerraban el mundo entero, causaba su impaciencia, una impaciencia que llegaba a la desesperación.

En cuanto a Manuela... se había desvanecido completamente en su memoria. El herrero, como todos los hombres de gran carácter, era orgulloso y si en los últimos días aún había manifestado algún afecto a la desdeñosa joven, si en su corazón aún no parecía haberse extinguido el fuego de otro tiempo, había sido solamente porque doña Antonia animaba constantemente con el soplo de sus esperanzas aquella hoguera, casi convertida en cenizas.

Pero Nicolás había acabado por comprender, desde hacía muchos meses, que era un hombre imposible en el corazón de Manuela. Más aún; con su perspicacia natural, con esa facilidad de percepción que tienen los enamorados humildes, había adivinado, analizando detalle por detalle, al regresar tristemente de Yautepec todas las noches, sus estériles y cada vez más heladas entrevistas con la joven, que ésta no sólo sentía despego hacia él, sino repugnancia. Ahora bien: a la expresión de este sentimiento, que aun en un semblante hermoso es dura y desagradable, no podía resistir una alma altiva como la de Nicolás. Si él hubiera sido uno de esos muchachos tontos y fatuos que interpretan siempre el gesto y las palabras de las mujeres que aman, en el sentido menos desfavorable para ellos; si hubiese sido uno de esos hombres vengativos y tenaces que hacen del sufrimiento un medio de triunfar y de vengarse; si por último, hubiese sido uno de esos viejos libertinos para quienes el deseo es una coraza que los hace invulnerable s, para quienes la posesión a toda costa es ya el único objeto de su amor sensual, Nicolás habría permanecido firme en su intento sostenido por el apoyo de la señora, gran apoyo junto a una hija, por contraria que ésta se muestre.

Pero Nicolás era un hombre de otra especie. Indio, humilde obrero, él tenía, sin embargo, la conciencia de su dignidad y de su fuerza. Él sabía bien que valía, como hombre y como pretendiente, lo bastante para ser amado de Manuela. Su honradez inmaculada daba un título; su posición, aunque mediana, pero independiente y obtenida merced a un trabajo personal, lo ennoblecía a sus ojos; su amor sincero, puro, que aspiraba a la dignidad conyugal y no a los goces pasajeros del deseo material, le hacían valorizado y estimado, como un tesoro que debía guardarse intacto.

En suma, él amaba tiernamente, con sumisión, pero con decoro, con pasión tal vez, pero con dignidad, y comprometer este decoro y esta dignidad en algún acto de humillación le habría parecido degradar su carácter y arrastrar por el suelo aquel sentimiento que él llevaba tan alto.

Así pues, tan luego como Manuela, enamorada como estaba de otro hombre, creyó conveniente quitarse el velo del disimulo y comenzó a mostrar a Nicolás un desabrimiento que éste conoció al instante, que fue aumentándose de día en día, y que acabó por convertirse en un marcado gesto de repugnancia, Nicolás comenzó por sentirse lastimado profundamente en su orgullo de hombre y de amante, y acabó por experimentar la insoportable amargura de la humillación. Su amor, ya bastante desarraigado por los desaires anteriores, no pudo resistir la última prueba, y fue desvaneciéndose a gran prisa en su corazón. El afecto de doña Antonia, un vislumbre de esperanza y cierto hábito contraído de ver a la joven todos los días, aún lo retenía débilmente, como lo hemos visto; pero al saber que aquella mujer a quien había creído insensible para él, pero honrada, había huido con el odioso bandido, cuyo nombre era el espanto de aquella comarca, una sorpresa dolorosa primero, y un sentimiento de desprecio después, se apoderaron de su alma.

Después, este desprecio fue tornándose, al considerar la perversión de carácter de Manuela, en un sentimiento de otro género.

Era la repugnancia, pero la repugnancia que inspira la fealdad del alma; y después una viva alegría inundó su corazón.

Él, Nicolás, el pobre herrero de Atlihuayan, se había escapado de aquel monstruo. Había estado amando a un demonio creyéndolo un ángel. Hoy que se veía libre de él, se avergonzaba de su ceguedad de los primeros días, y se felicitaba de que el cielo o su buena suerte lo hubiesen salvado del peligro de haberse enlazado con aquella criatura, o al menos de la desgracia de seguir amándola, lo que habría sido terrible para él, dado su carácter altivo e intensamente apasionado.

Lejos de eso, y como una compensación gratísima, precisamente en los momentos en que su espíritu había quedado enteramente despejado de las últimas nieblas que aquel afecto hubiera podido dejarle cuando la serenidad acababa de restablecerse en su corazón, serenidad que no había sido bastante para turbar ni el peligro que había corrido ni la indignación que lo había agitado, había visto surgir ante sus ojos una nueva imagen, más bella y dulce que la que había desaparecido, y había sentido, había comprendido que ésa sí era el ángel bueno de su existencia. Ni podía menos; el amor de Pilar se había descubierto en un momento solemne y decisivo, sin interés y sin esperanzas, con todos los caracteres de abnegación, de generoso sacrificio, de resolución heroica que deben ser las cualidades del afecto extraordinario. ¿Cómo no sentirse subyugado en el instante por un amor tan poderoso? Nicolás no sólo sintió penetrar en su alma, como un torrente de fuego, aquel amor nuevo y luminoso sino que experimentó algo como un remordimiento, como vergüenza de no haber abierto antes los ojos a la dicha, de no haber adivinado el afecto que inspiraba y que seguramente había vivido oculto cerca de él, protegiéndolo, envolviéndolo en una atmósfera de simpatía y de cariño. ¡y él, cómo habría hecho sufrir a la bella y modesta joven con su aparente galantería para Manuela! ¡Quizás la habría lastimado alguna vez, quizás había sido cruel, sin quererlo, hiriendo la delicadeza de aquel corazón tierno y blando como una sensitiva!

Tal idea lo hacía aparecer a sus propios ojos como inferior a su amada de hoy, pero no con esa inferioridad que humilla,

sino con la inferioridad del creyente para con su Dios, sentimiento que aviva y aumenta el amor, porque lo complica con la
admiración y la gratitud.

Tales reflexiones ocuparon el ánimo de Nicolás durante el camino de Cuautla a Yautepec, que recorrió impaciente y a todo
el galopar de su caballo, atravesando el bosque de catzahuates
y las haciendas de Cocoyoc, de Calderón y de San Carlos, que
bordan aquella llanura pintoresca. Por fin pasó el río, atravesó
las callejuelas, palpitándole el corazón, y se apeó en la puerta
de la casa de doña Antonia. ¿Qué noticias iba a recibir?

Capítulo 16

Un ángel

Oscurecía ya cuando Nicolás penetró en las piezas de la casa de doña Antonia. Al ruido de sus pasos, una mujer se adelantó a su encuentro, y apenas lo reconoció, a la débil luz crepuscular que aún permitía distinguir los objetos, cuando se echó en sus brazos sollozando.

Era Pilar.

Nicolás, al sentir contra su seno aquella mujer, hoy intensamente amada, sintió como un vértigo de pasión y de placer. Era la primera vez de su vida que conocía tamaña felicidad, él, que hasta ahí sólo había podido saborear los amargos dejos del desengaño; él que considerándose casi siempre desamado, se habría considerado feliz con una mirada sola de simpatía, ahora recibía a torrentes, en una explosión amorosa, toda aquella dicha que antes no se hubiera atrevido siquiera a soñar.

Y ella estaba allí, la bellísima joven, que había ocupado su pensamiento en aquellos días de prisión y en aquellas noches de insomnio; y sentía sus hermosos brazos de virgen enlazar su cuello, y palpitar su corazón enamorado junto a aquel corazón que ya no latía sino para ella, y sentía sus lágrimas humedecer sus manos y su aliento bañar como un dulce aroma su semblante. Nicolás no podía hablar. Era presa de una emoción avasalladora y que paralizaba sus facultades.

Por fin, después de haber estrechado a la joven con un arrebato amoroso más significativo que diez declaraciones, le dijo, besándola en la frente:

—Pilar mía; ahora sí ya nada ni nadie nos separará. Lo que siento es no haber conocido antes dónde estaba mi dicha; pero, en fin, bendigo hasta los peligros que acabo de pasar, puesto que por ellos he podido encontrarla.

Pilar, como toda mujer, y aunque rebosando amor y felicidad, no pudo substraerse a un vago sentimiento de temor y de recelo. No estaba todavía bastante segura de que en el corazón de Nicolás hubiese desaparecido completamente aquel antiguo amor de Manuela, quizás exacerbado aún por todo lo que acababa de pasar. Así es que, fijando los ojos con timidez en los del herrero, se atrevió a preguntarle, con un acento en que se traducía el miedo de perder aquella dicha suprema:

—¿Pero es cierto, Nicolás? ¿Me quiere usted como a Manuela?

—¿Como a Manuela? —interrumpió Nicolás, con vehemencia—. ¡Oh, Pilar, no me haga usted esa pregunta, que me lastima! ¿Cómo puede usted comparar el amor que hoy le manifiesto, y que siento, con aquel afecto que tuve a aquella desgraciada? Aquél fue un sentimiento del que hoy tengo vergüenza. Ni sé cómo pude engañarme tan miserablemente ni alcanzo a explicar a usted lo que me pasaba. Quizás sus desaires, su frialdad me exaltaban y me hacían obstinarme; pero si he de decir a usted la verdad de lo que sentía, cuando a mis solas, y lejos de aquí me ponía a reflexionar, examinando el estado de mi corazón, le confieso que aquello no era amor, no era este cariño puro y apasionado que usted me hace sentir ahora, sino otra cosa malsana, como una enfermedad de la que yo quería librarme, como un capricho en que estaba interesado mi amor propio, pero no mi felicidad. Pero todavía quiero decir a usted, aun cuando no lo crea, que ya en los últimos días este capricho no existía, ese afecto había desaparecido; Manuela no me producía ya la impresión que al principio, y si no hubiera sido porque la señora se había empeñado en convencerla de que debía casarse conmigo, y me había hecho entender que al fin lo lograría, que no perdiera yo la esperanza y que contara con su apoyo, francamente, quizás habría yo acabado por aborrecer a Manuela, o al menos por olvidarla, y habría dejado de venir a esta casa.

—Pero ¿y mi madrina?... ¿y yo?... ¿No pensaba usted en nosotras? •preguntóle Pilar en tono de queja.

—¡Ah, sí! —replicó Nicolás—, la señora, la pobrecita señora era digna de todo mi cariño... En cuanto a usted, Pilar, ¿debo decirlo?, ni me atreví a soñar siquiera en ser amado por usted; ya había comprendido cuán dichoso sería el hombre amado por usted; ya había levantado hasta usted mis ojos llenos de esperanza, pero los había vuelto a bajar con tristeza, pensando en que usted tampoco había de quererme. Me parecía usted más alta que Manuela para mí. Y luego, pensar en usted, decirle a usted algo, después de los desaires de Manuela, sufridos en presencia de usted, me parecía indigno. ¡Si hubiera yo adivinado!... Con que ya ve usted que no ahora, mucho antes, aquel afecto para Manuela había acabado. ¿Duda usted todavía? ¿Cree usted que el amor que le tengo, y que ha crecido por años en tan pocos días se parezca al sentimiento que abrigué por esa infeliz, y que se ha convertido ahora en un desprecio espantoso?...

—Ya no dudo, Nicolás, ya no dudo —dijo la joven estrechando las manos del herrero entre las suyas—. Y aunque dudara —añadió suspirando—, mi felicidad consiste en este amor que siento por usted hace mucho tiempo, que he guardado en el fondo de mi corazón, sin esperanza entonces, aumentado cada día por el dolor y por los celos, y que sólo ha podido revelarse en el momento en que corría usted peligro y en que yo estaba próxima a perder el juicio. Yo no podía esperar que usted me amase. Al contrario, estaba segura de que usted amaba a Manuela más que nunca, quizás porque la había perdido para siempre; pero no fui dueña de mí, no pude contenerme, no di oídos más que a mi corazón.

—Pero, niña —dijo Nicolás, en tono de reconvención—, usted me juzgó mal, quizás, porque no conocía bien mi carácter. Para amar todavía a Manuela, a pesar de lo que había hecho, se necesitaba, en primer lugar, haberla amado de veras, y acabo de decir a usted que no era así, y después se necesitaba ser un hombre vulgar, y yo, aunque humilde, aunque obrero rudo, aunque indio sin educación, y sin otros ejemplos, puedo asegurar a usted que no soy vulgar, que me siento incapaz de estimar un objeto indigno, y que para mí la estimación es precisamente la base del amor. ¿Yo había de seguir queriendo a una perdida que se dejaba robar por un asesino y un ladrón? ¡Imposible, imposible! De padres a hijos, en mi familia india, nos hemos transmitido las ideas de honradez altiva que tantas veces me han echado aquí en cara, como un defecto, y que me han granjeado algunos enemigos. Nosotros hemos sido pobres, muy pobres, pero alguna vez yo contaré a usted cómo mis antepasados, en sus montañas salvajes, en sus cabañas humildísimas han sabido, sin embargo, conservar siempre su carácter limpio de toda mancha de humillación o de bajeza. Han preferido morir a degradarse, y eso no por vanidad, ni por conservar una herencia de honor, sino porque tal es nuestra naturaleza. La altivez en nosotros es parte de nuestro ser. Así, pues, figúrese usted si yo podría haber sentido por Manuela, después de lo que ha hecho, otro sentimiento que el de una compasión despreciativa. Hacer otra cosa hubiera sido una degradación... ¿Está usted convencida?

–Sí, Nicolás –dijo apresuradamente la joven–, perdóneme usted; pero a pesar de que conocía su carácter, mi cariño, mi pobre cariño, nacido en medio de los celos, me hacía ciega y desconfiada...

–No, lo que guardo a usted, buena y hermosa niña, es un amor santo y eterno... ¿quiere usted ser mi esposa, y luego?

–¡Oh! –dijo llorando Pilar–, será mi felicidad; pero hemos hablado largamente, nos hemos extraviado, hemos olvidado el mundo, Nicolás, y estamos hablando cerca de una moribunda..., mi madrina...

–¡Oh, sí, la señora!...

–Mi madrina se muere –exclamó Pilar con abatimiento–; hace dos días que no toma alimento ninguno, su debilidad es muy grande, la fiebre violenta, y todos dicen que no tiene remedio.

Nicolás, al saber esta noticia, inclinó la cabeza lleno de pesadumbre.

Capítulo 17

La agonía

En efecto, los dos jóvenes, en su éxtasis amoroso habían olvidado un momento a la pobre doña Antonia, que yacía moribunda en la pieza cercana. Hemos dicho que desde el día siguiente a la fuga de su hija, conmovida por la terrible crisis que había sufrido más que a causa de la humedad, a que había estado expuesta durante muchas horas, la desdichada anciana había caído en cama, atacada de una fiebre cerebral.

Inútiles habían sido los cuidados que se le habían prodigado por las personas caritativas y amigas que la asistían, particularmente por Pilar, que como una hija amorosa, no se había separado un instante de su lado. La experiencia de aquellas buenas gentes, a falta de médico, y todos los esfuerzos, se habían estrellado contra la gravedad del mal. La señora se moría, y Nicolás llegaba precisamente en los momentos en que la agonía tocaba a su término. Nicolás profundamente consternado, penetró en la estancia de la enferma, débilmente alumbrada, y en la que fue saludado afectuosamente por las pocas personas que allí había.

Pilar, que lo había precedido, se acercó al lecho de su madrina, y llamándola varias veces le dijo que Nicolás estaba cerca de ella y que deseaba hablarle. La anciana, como si despertara de un profundo letargo, procurando reunir las pocas fuerzas que le quedaban, levantó la cabeza, se fijó en el herrero, que le alargaba las manos cariñosamente, y entonces reconociéndole lanzó un débil grito, tomó aquellas manos entre las suyas, las besó repetidas veces, murmurando: ¡Nicolás! ¡Nicolás! ¡Hijo mío!, y luego cayó desplomada, como si aquel esfuerzo supremo hubiera agotado su existencia. Nicolás se inclinó al borde de aquel lecho de muerte, y allí, ese hombre de hierro a quien no habían logrado abatir ni las desgracias ni los peligros, se puso a llorar amargamente, afligido ante tamaña desdicha y maldiciendo al destino, que tales injusticias comete.

Doña Antonia aún vivió algunas horas, pero la agonía había sido demasiada prolongada, la vida se había extinguido bajo el peso de tantos sufrimientos, y antes de concluir la noche, aquella anciana virtuosa e infortunada exhaló el último suspiro en los brazos de su ahijada Pilar y junto al hombre a quien había amado como a un hijo.

El dolor de la pobre niña fue inmenso. Acostumbrada desde su juventud a ver en doña Antonia a una segunda madre, a quien amaba, además, por su bondadoso carácter y por sus altas y sólidas virtudes, Pilar le era adicta sinceramente, y considerándola ahora abandonada por su hija, con el desinterés y la abnegación que son propios de las almas inteligentes y generosas, su adhesión y su amor se habían convertido en pasión filial. Así es que sus cuidados, durante la enfermedad de la anciana, habían sido exquisitos, y las vigilias y la inquietud sufridas se revelaban en su bello semblante, pálido y demacrado.

La muerte de su madrina, por esperada que hubiera sido, le produjo un abatimiento indecible, y si, afortunadamente para ella, el amor de Nicolás, confesado ya de una manera tan clara y tan resuelta, no hubiera venido a consolarla y a fortalecerla, como un rayo de sol, seguramente el alma de la buena y sensible joven habría visto el mundo como una noche sombría y pavorosa. Pero Nicolás estaba allí, su esposo futuro. El cielo se lo enviaba justamente en los instantes de mayor amargura para ella, huérfana infeliz, sin patrimonio, sin más apoyo que dos tíos ancianos, y en medio de aquella situación llena de peligros para todos. Entonces consideró al joven no sólo como al elegido de su corazón, sino como a su salvador, a su Providencia, y fuertemente conmovida por aquel cambio súbito de su suerte, por aquel socorro inesperado que parecía enviarle Dios, como para recompensarla de sus aflicciones y tristezas, la joven, dando tregua a sus sollozos, cayó de rodillas y oró fervorosamente, con un sentimiento en que se mezclaban el dolor y la gratitud al mismo tiempo.

Sacóla de su arrobamiento la voz de Nicolás, que le dijo con ternura y con gravedad religiosa, extendiendo la mano hacia el cadáver de la anciana:

—Pilar, yo le juro a usted sobre ese cadáver que seré su esposo, y que no esperaré para realizar mi promesa más que el tiempo de luto. Es usted un ángel que yo no merezco.

Pilar se echó en sus brazos llorando; los circunstantes, conmovidos ante aquella escena, procuraron también consolar a la joven, y Nicolás salió inmediatamente para preparar los funerales de doña Antonia. Como la anciana había dejado algunos intereses, era preciso asegurarlos, puesto que no había dejado testamento, y que la hija única que tenía, había abandonado la casa materna.

Desde luego las autoridades locales quisieron disponer que vendiesen la casa y la huerta para atender los gastos precisos; pero Nicolás se opuso a ello, ofreciendo hacer los gastos por su cuenta, como un homenaje a la memoria de su virtuosa amiga. Rehusó también encargarse del cuidado y administración de aquellos pocos bienes, que las autoridades le encargaban, alegando razones de delicadeza bien comprensibles en su situación; de modo que aquel modesto patrimonio fue ocupado legalmente, pero sin intervención del honrado herrero.

Sepultada la señora, a cuyo entierro concurrieron todas las personas que habían estimado sus virtudes, todo volvió a la vida normal, es decir, a aquella vida llena de zozobras y de peligros que hemos descrito. Nicolás se fue a su herrería de Atlihuayan, más querido aun por sus patrones, a causa de su noble conducta; Pilar volvió a la humildísima casa de sus tíos, que se convirtió para ella en un edén, porque su esposo futuro, esperando la fecha señalada, la visitaba todas las tardes, como lo hacía en otro tiempo en casa de Manuela

¿Y ésta? Véamos lo que le pasaba.

Capítulo 18

Entre los bandidos

Manuela, apasionada de el Zarco y por lo mismo ciega, no había previsto enteramente la situación que le esperaba, y si la había previsto, no se había formado de ella sino una idea convencional.

Su fantasía de mujer enamorada e inexperta le representaba la existencia en que iba a entrar como una existencia de aventuras peligrosas, es verdad, pero divertidas, romancescas, originales, fuertemente atractivas para un carácter como el suyo, irregular, violento y ambicioso.

Como hasta allí, y desde que se había soltado esa nueva plaga de bandidos en la tierra caliente, al acabar la terrible guerra civil que había destrozado a la República por espacio de tres años, y que se conoce en nuestra historia con el nombre de Guerra de Reforma, no puede decirse que se hubiera perseguido de una manera formal a tales facinerosos, ocupado como estaba el gobierno nacional en luchar todavía con los restos del ejército clerical. Manuela no había visto nunca levantarse un patíbulo para uno de esos compañeros de su amante.

Al contrario, había visto a muchísimos pasearse impunemente por las poblaciones y los campos, en son de triunfo, temidos, respetados y agasajados por los ricos, por las autoridades y por toda la gente.

Si alguna persecución se les hacía, de cuando en cuando, como aquella que había fingido el feroz comandante, conocido nuestro, era más bien por fórmula, por cubrir las apariencias, pero en el fondo, las autoridades eran impotentes para combatir a tales adversarios, y todo el mundo parecía resignado a soportar tan degradante yugo.

Manuela, pues, se figuraba que aquella situación, por pasajera que fuese, aún debía durar mucho, y que el dominio de los *plateados* iba consolidándose en aquella comarca. Además, era ella muy joven para recordar las tremendas persecuciones y matanzas llevadas a cabo contra los bandidos de otras épocas por fuerzas organizadas por el gobierno del Estado de México y puestas a las órdenes de jefes enérgicos y terribles, como el célebre Oliveros.

Aquello había pesado en tiempos ya remotos, a pesar de que no habían transcurrido desde tales sucesos ni quince años. Por otra parte, las circunstancias eran diversas. En aquella época se trataba de perseguir a cuadrillas de salteadores vulgares, compuestas de diez, de veinte, a lo sumo de cuarenta bandidos, que se dispersaban al menor ataque y cuyo recurso constante era la fuga. Se estaba en una paz relativa, y podían las fuerzas organizadas de varios Estados concurrir a las combinaciones para atacar a una partida numerosa; las poblaciones y los hacendados ricos podían prestar sus auxilios, las escoltas recorrían constantemente los caminos, y hombres conocedores de todas las guaridas servían de guías o eran los perseguidores.

Pero ahora era diferente. Ahora el gobierno federal se hallaba demasiado preocupado con la guerra que aún sostenían las huestes de Márquez, de Zuloaga, de Mejía y de otros caudillos clericales, que aún reunían en torno suyo numerosos partidarios; la intervención extranjera era una amenaza que comenzaba a traducirse en hechos, precisamente en el tiempo en que se verificaban los sucesos que relatamos, y como era natural, la nación toda se conmovía, esperando una invasión extranjera que iba a producir una guerra sangrienta y larguísima, que, en efecto, se desencadenó un año después y que no concluyó con el triunfo de la República sino en 1867.

Todas estas consideraciones no podían venir al espíritu de la joven con la lucidez con que se presentaban a los ojos de las personas sensatas; pero ella oía hablar a las gentes serias que visitaban a doña Antonia o ésta le transmitía los rumores que circulaban, y aunque vagamente, como las gentes de la muchedumbre suelen resumir la situación pública, pero de un modo exacto, ella sacaba las consecuencias que le importaban para su vida futura.

Por lo demás, el estado que guardaban las cosas en la tierra caliente, era demasiado claro para que ella pudiera abrigar grandes temores por la vida del Zarco.

Lo cierto era que los *plateados* dominaban en aquella comarca, que el gobierno general no podía hacerles nada, que el gobierno del Estado de México, entonces desorganizado, y en el que los gobernadores, militares o no, se sucedían con frecuencia, tampoco podía establecer nada durable; que los hacendados ricos tenían que huir a México, o que cerrar sus haciendas o someterse a la dura condición de rendir tributo a los principales cabecillas, so pena de ver incendiados sus campos, destruidas sus fábricas y muertos sus ganados y sus dependientes.

Lo cierto era que no se trataba ahora de combatir a cuadrillas de pocos y medrosos ladrones como aquellos a quienes se había perseguido en otro tiempo, sino a verdaderas legiones de quinientos, mil y dos mil hombres que podían reunirse en un momento, que tenían la mejor caballada y el mejor armamento del país, que conocían éste hasta en sus más recónditos vericuetos; que contaban en las haciendas, en las aldeas, en las poblaciones, con numerosos agentes y emisarios reclutados por el interés o por el miedo, pero que les servían fielmente, y por último, que aleccionados en la guerra que acababa de pasar, y en la que muchos de ellos habían servido tanto en un bando como en el otro, conocían lo bastante para presentar verdaderas batallas, en las que no pocas veces quedaron victoriosos.

Así, pues, Manuela, a quien el Zarco había también instruido en sus frecuentes entrevistas acerca de las ventajas con que contaban los bandidos, acababa por disipar sus dudas, sabiendo que su amante pertenecía a un ejército de hombres valerosos, resueltos y que contaban con todos los elementos para establecer en aquella desdichada tierra un dominio tan fuerte como duradero.

De modo que, por una parte, con el impulso irresistible de su pasión, y por otra, convencida por todas las razones que le daba su amante y el temor de las gentes que la habían rodeado, acabó por confiarse resueltamente en su destino, segura de que iba a ser tan feliz como en sus sueños malsanos lo había concebido.

Pero, en resumen, Manuela, que no había hecho más que pensar en los *plateados* desde que amaba al Zarco, no conocía realmente la vida que llevaban esos bandidos, ni aún conocía personalmente de ellos más que a su amante. Los había visto varias veces en Cuernavaca desfilar ante sus ventanas, formando escuadrones; pero la rapidez de ese desfile y la circunstancia de no haberse fijado con atención más que en el Zarco, que fue quien la cautivó desde entonces por su gallardía y su lujo, impidieron que pudiese distinguir a ningún otro de aquellos hombres.

Después, retraída en Yautepec, y encerrada justamente por el miedo que tenía doña Antonia de que fuese vista por aquellos facinerosos, Manuela no había vuelto a ver a ninguno de ellos, pues cuando habían solido entrar de día en la población, había tenido que esconderse, ya en el curato, ya en lo más oculto de las huertas, en donde la gente se preparaba escondrijos, en los que permanecían días enteros, hasta que pasaba el peligro.

Así, pues, no conocía a los bandidos más que de oídas, ya por los relatos seductores que le hacía el Zarco, entremezclados, sin embargo, de alusiones a peligros pasajeros, que, lejos de asustarla, le causaban emociones punzantes, y ya por las terribles narraciones de la gente pacífica de Yautepec, abultadas todavía más por doña Antonia, cuya imaginación había acabado por enfermarla.

De estas noticias tan contradictorias, Manuela, con una parcialidad muy natural en quien amaba a un bandido, había formádose una idea siempre favorable para éste y ventajosa para ella.

Pensaba que el terror de las gentes exageraba los crímenes de los *plateados*, quienes con la mira de inspirar mayor horror hacia ellos, sus enemigos los pintaban como a monstruos verdaderamente abominables y que no tenían de humano más que la figura; que la vida de crápula constante en que se les suponía encenegados cuando no andaban en asaltos y matanzas, no era más que una ficción de las gentes, aterradas o llenas de odio; que los suplicios espantosos a que condenaban a sus víctimas no eran más que ponderaciones a fin de infundir pavor y arrancar dinero más fácilmente a las familias de los *plagiados*.

Ella creía que el Zarco y sus compañeros eran bandidos ciertamente, es decir, hombres que habían hecho del robo una profesión especial. Ni esto le parecía tan extraordinario en aquellos tiempos de revuelta, en que varios jefes de los bandos políticos que se hacían la guerra habían apelado muchas veces a ese medio para sostenerse. Ni el *plagio*, que era el recurso que ponían más en práctica los *plateados*, le parecía tampoco una monstruosidad, puesto que, aunque inusitado antes y por consiguiente nuevo en nuestro país, había sido introducido precisamente por facciosos políticos y con pretextos políticos.

De manera que, a sus ojos, los *plateados* eran una especie de facciosos en guerra con la sociedad, pero por eso mismo interesantes; feroces, pero valientes; desordenados en sus costumbres, pero era natural, puesto que vivían en medio de peligros y necesitaban de violentos desahogos como compensación de sus tremendas aventuras.

Razonando así, Manuela acababa por figurarse a los bandidos como una casta de guerreros audaces y por dar al Zarco las proporciones de un héroe legendario.

Aquella misma guarida, Xochimancas, y aquellas alturas rocallosas de las montañas en que solían establecer el centro de sus operaciones, los *plateados* aparecían en la imaginación de la extraviada joven como esas fortalezas maravillosas de los antiguos cuentos, o por lo menos como los campamentos pintorescos de los ejércitos liberales o conservadores que se habían visto aparecer no hacía mucho, en casi todas las comarcas del país.

Todo esto había pensado Manuela en sus horas de amor y de reflexión y ya resuelta a compartir la suerte del Zarco.

Así es que la noche de la fuga, ella esperaba entrar en un mundo conocido. De pronto, la noche tempestuosa, la lluvia, la emoción consiguiente al abandono de su casa y de su pobre madre, que siempre le hizo mella, a pesar de su pasión y de su perversidad, el verse ya entregada en alma y cuerpo al Zarco todo esto le impidió comparar su situación con sus sueños anteriores y examinar a los compañeros de su amante. Por otra parte, nada había aún de extraordinario en aquellos momentos. Se escapaba de su casa con el elegido de su corazón; éste, caballero o bandido, había tenido que acompañarse de algunos amigos que afrontasen el peligro con él y que le guardasen la espalda; he ahí todo. Ella no los conocía, pero le simpatizaban ya por el solo hecho de contribuir a lo que ella juzgaba su dicha.

Cuando obligados por la tempestad, tanto ella como el Zarco y sus compañeros, se refugiaron en la cabaña del guardacampo de Atlihuayan, todos guardaron silencio y no echaron abajo sus embozos, de modo que así, en la oscuridad y sin hablar, Manuela no pudo distinguir sus fisonomías ni conocer el metal de su voz. Algunas palabras en voz baja, cruzadas con el Zarco, fueron las únicas que interrumpieron aquel silencio que exigía el lugar.

Pero cuando a las primeras luces del alba, y calmada ya la lluvia, el Zarco dio orden de montar, Manuela pudo examinar a los compañeros de su amante: embozados en sus jorongos, siempre cubiertos hasta los ojos, con sus bufandas, no dejaban ver el rostro; pero su mirada torva y feroz produjo un estremecimiento involuntario en la joven, habituada a las descripciones que se le hacían de estas figuras de facinerosos. Entonces fue cuando Manuela, en un pedazo de papel que le dio el Zarco, escribió con lápiz aquella carta dirigida a doña Antonia en que le daba parte de su fuga.

Después, echáronse a andar los prófugos con dirección a Xochimancas, encumbrando rápidamente la montaña en que vimos aparecer al Zarco la primera vez.

La comitiva continuó callada. De cuando en cuando, Manuela, que iba delante con el Zarco, escuchaba ciertas risas ahogadas de los bandidos, a las que contestaba el Zarco volviéndose y guiñando el ojo, de un modo malicioso que disgustó a la joven.

Después la cabalgata comenzó a entrar en un laberinto de veredas, unas serpenteando a través de pequeños valles encajados entre altas rocas, y otras pasando por gargantas escabrosas y abruptas apenas frecuentadas por bandidos y leñadores.

Por fin, poco antes de mediodía se divisaron por entre una abra, formada por dos colinas montañosas, las ruinas de Xochimancas, madriguera entonces de los *plateados*.

De una altura que dominaba aquella hacienda arruinada se oyó un agudo silbido, al que respondió otro lanzado por el Zarco, e inmediatamente un grupo de jinetes se desprendió de entre las ruinas y a todo galope se acercó a reconocer la cabalgata del Zarco, llevando cada uno de aquellos jinetes su mosquete preparado.

El Zarco se adelantó, y rayando el caballo, habló con los del grupo, que se volvieron a toda brida a Xochimancas a dar parte.

Pocos momentos después, el Zarco dijo a Manuela, con tono amoroso:

—Ya estamos en Xochimancas, mi vida, ahí están todos los muchachos.

En efecto, por entre las viejas y derruidas paredes de las casuchas del antiguo *real* así como en los portales derrumbados y negruzcos de la casa de la hacienda, Manuela vio asomarse numerosas cabezas patibularias, todas cubiertas con sombreros *plateados*, pero no pocas con sombreros viejos de palma; aquellos hombres, por precaución, tenían todos en la mano un mosquete o una pistola.

Algunas veces, al atravesar la comitiva, gritaban malignamente:

—¡Miren al Zarco! ¡Qué maldito!... ¡Qué buena garra se trae!

—¿Dónde te has encontrado ese buen trozo, Zarco de tal? —preguntaban otros riendo.

—Esta es para mí nomás —contestaba el Zarco en el mismo tono.

—¿Para ti nomás?... Pos ya veremos... —replicaban aquellos bandidos—. ¡Adiós güerita, es usted muy chula para un hombre solo!

—¡Si el Zarco tiene otras!, ¿pa' qué quiere tantas? —gritaba un mulato horroroso que tenía la cara vendada.

El Zarco, enfadado al fin, se volvió, y dijo con ceño: —¡Se quieren callar, grandísimos!...

Un coro de carcajadas le contestó; la comitiva apretó el paso con dirección a una capilla arruinada, que era el alojamiento del Zarco, y éste dijo a Manuela, inclinándose a ella y abrazándola por el talle:

—No les hagas caso, son muy chanceros. ¡Ya los verás qué buenos son!

Pero Manuela se sentía profundamente contrariada. Vanidosa, como era, y aunque sabiendo que se entregaba a un forajido, ella esperaba que este forajido, que ocupaba un puesto entre los suyos, semejante al que ocupa un general entre sus tropas, tuviese sus altos fueros y consideraciones. Creía que los capitanes de bandoleros eran alguna cosa tan temible que hacían temblar a los suyos con sólo una mirada, o bien que eran tan amados, que no veían en torno suyo más que frentes respetuosas y no escuchaban más que aclamaciones de entusiasmo.

Y aquella recepción en el cuartel general de los *plateados* la había dejado helada. Más aún, se había sentido herida en su orgullo de mujer, y puede decirse en su pudor de virgen, al oír aquellas exclamaciones burlonas, aquellas chanzonetas malignas con que la habían saludado al llegar, a ella, que por lo menos esperaba ser respetada yendo al lado de uno de los jefes de aquellos hombres.

Porque, en efecto, ella no podía olvidar tan pronto, por corrompida que se hallara moralmente, y por cegada que estuviera por el amor y la codicia, que era una doncella, una hija de padres honrados, una joven que, hacía poco, estaba rodeada por el respeto y por la consideración de todos los vecinos de Yautepec. Jamás en su vida habían llegado a sus oídos expresiones tan cínicas como las que acababa de escuchar, ni las galanterías que suelen dirigirse a las jóvenes hermosas, y que alguna vez le habían arrojado a su paso tenían ese carácter de infame desverguenza y de odiosa injuria que acababan de lanzarle al rostro en la presencia misma del que debía protegerla, de su amante. Sintió, pues, que el semblante se le encendía de cólera; pero cuando el Zarco se volvió hacia ella, risueño, para decirle: ¡No les hagas caso!, su amante le pareció, no solamente tan cínico como sus compañeros, sino cobarde y despreciable. Díjose a sí misma, y por una comparación muy natural en aquel momento, que Nicolás, el altivo herrero indio, cuyo amor había desdeñado, no habría permitido jamás que la amada de su corazón fuese ultrajada de esa manera. Por rápido que hubiera sido ese juicio, le fue totalmente desfavorable al Zarco, quien, si hubiese podido contemplar el fondo del pensamiento de Manuela, se habría estremecido viendo nacer en aquella alma, que rebosaba amor hacia él, como una flor pomposa, el gusano del desprecio.

La intensa palidez que sucedió al rojo de la indignación en el semblante de la joven, debió ser notable, porque el Zarco la advirtió, e inclinándose de nuevo hacia ella, le dijo con tono meloso:

—¡No te enojes, mi alma, por lo que dicen esos muchachos! Ya te he dicho que tienen modos muy diferentes de los tuyos. ¡Es claro, pues, si no somos frailes ni catrines! Nosotros tenemos nuestros dichos aparte, pero es necesario que te vayas acostumbrando, porque vas a vivir con nosotros, y ya verás que todos esos chanceros son buenos sujetos y te van a querer mucho. ¡Te lo dije, Manuelita, te dije que no extrañaras, y tú me has prometido hacerte a nuestra vida!

Este *te lo dije* del Zarco resonó como un latigazo en los oídos de la atolondrada joven. En efecto, comenzaba a sentir la indiscreción de su promesa y los extravíos y ceguedades de la pasión. Inclinó la cabeza y no contestó al Zarco sino con un gesto indescriptible en que se mezclaban la repugnancia y el arrepentimiento.

Entre tanto, habían llegado ya a la capilla arruinada que servía de alojamiento al Zarco, pues las habitaciones de la antigua casa de la hacienda estaban reservadas a otros jefes de aquellos bandoleros.

Aquel lugar, antes sagrado, se hallaba convertido ahora en una guarida de chacales. En la puerta, y a la sombra de algunos arbolillos que habían arraigado en las paredes llenas de grietas o entre las baldosas desunidas y cubiertas de zacate, estaban dos grupos de bandidos jugando a la baraja en torno de un sarape tendido, que servía de tapete y contenía las apuestas, los naipes y algunas botellas de aguardiente de caña y vasos. Algunos de los jugadores se hallaban sentados en cuclillas, otros con las piernas cruzadas, otros estaban tendidos boca abajo, unos tarareaban con voz aguda y nasal canciones tabernarias, todos tenían los sombreros puestos y todos estaban armados hasta los dientes. No lejos de ellos se hallaban sus caballos, atados a otros árboles, desembridados, con los cinchos de las sillas flojos y comiendo algunos manojos de zacate de maíz, y por último, trepado en una pared alta, vigilaba otro bandido, pronto a dar la señal de alarma en caso de novedad.

Así, pues, aquellos malvados, aun seguros como se sentían en semejante época, no descuidaban ninguna de las precauciones para evitar ser sorprendidos y sólo así se entregaban con tranquilidad a sus vicios o a la satisfacción de sus necesidades.

Manuela abarcó de una sola mirada aquel espectáculo, y al contemplar aquellas fisonomías de patíbulo, aquellos trajes cuajados de plata, aquellas armas y aquellas precauciones, no pudo menos de estremecerse.

—¿Quiénes son esos? —preguntó curiosa al Zarco.

—¡Ah! —contestó éste—, son mis mejores amigos, mis compañeros, los jefes... Félix *Palo Seco*, Juan Linares, el Tigre, el

Coyote, y ese güerito que se levanta es el principal... es Salomé.

—¿Salomé Plasencia?

—El mismo.

En efecto, era Salomé, el capataz más famoso de aquellos malvados, una especie de *Fra Diávolo* de la tierra caliente, el flacucho y audaz bandolero que había logrado, merced a la situación que hemos descrito, establecer una especie de señorío feudal en toda la comarca y hacer inclinar, ante su miserable persona, las frentes más soberbias de los ricos propietarios del rumbo.

Salomé se adelantó a recibir al Zarco y a su comitiva.

—¿Qué hay, Zarco? —le dijo con voz aflautada y alargándole la mano—. ¡Caramba! —añadió mirando a Manuela—, ¡qué bonita muchacha te has sacado! —y luego, tocándose el sombrero y saludando a Manuela le dijo—: ¡Buenos días, güerita..., bien haya la madre que la parió tan linda!...

Los otros bandidos se habían levantado también y rodeaban a los recién llegados, saludándolos y dirigiendo requiebros a la joven. El Zarco se apeó, riendo a carcajadas, y fue a bajar a Manuela, que se hallaba aturdida y no acertaba a sonreír ni a responder a aquellos hombres. No estaba acostumbrada a semejante compañía y le era imposible imitar sus modales y su fraseología cínica y brutal.

—¡Vamos, aquí hay refresco! —dijo uno de los del grupo, trayendo un vaso de aguardiente, de ese aguardiente de caña fuerte, y mordente y desagradable que el vulgo llama chinguirito.

—No —dijo el Zarco, apartando el vaso—, esta niña no toma chinguirito, no está acostumbrada; lo que queremos es almorzar, porque hemos andado casi toda la noche y toda la mañana, y no hemos probado bocado.

—A ver, mujeres —gritó a las gentes que había dentro de la capilla, de la cual se exhalaba, juntamente con el humo de la leña, cierto olor de guisados campesinos—, hágannos de almorzar, y tomen esto —añadió alargando la maleta que contenía la ropilla de Manuela; ésta sólo conservó su saco de cuero, en que guardaba las alhajas, que nunca le parecieron más peligro que en aquel lugar.

Un grupo de mujerzuelas, desarrapadas y sucias, se apresuró a recibir aquellas cosas y los recién llegados penetraron en aquel pandemónium, en que se aglomeraban objetos abigarrados y extraños, y gentes de catadura diversa.

Por acá, y cerca de la puerta, estaba la cocina de humo, es decir, el fogón de leña en que se cocían las tortillas, y junto al cual estaba la molendera con su metate y demás accesorios. Un poco más lejos estaba otro fogón, en el que se preparaban los guisados en ollas o en cazuelas negras. Del otro lado había sillas de montar puestas en palos atravesados, mecates en que se colgaba la ropa, es decir, calzoneras, chaquetas, sarapes, túnicas viejos de percal o de lana; en un rincón se revolcaba un enfermo de fiebre con la cabeza envuelta en un pañolón desgarrado y sucio; más allá un grupo de mujeres desgreñadas remendaban ropa blanca o hacían vendas, y al último, en el fondo de la capilla, junto al altar mayor, convertido en escombro, y dividida de la nave por una cortina hecha de sábanas y de petates, se hallaba la alcoba del Zarco, que contenía un catre de campaña, colchones tirados en el suelo, algunos bancos de madera y algunos baúles de madera forrados de cuero. Tal era el mueblaje que iba a ofrecer aquel galán a la joven dama que acababa de arrebatar de su hogar tranquilo.

—Manuelita —le dijo, conduciéndola a aquel rincón—, esto, como ves, está muy feo, pero por ahora hay que conformarse, ya tendrás otra cosa mejor. Ahora voy a traerte de almorzar.

La joven se sentó en uno de aquellos bancos y allí cubierta con la cortina, sintiéndose a solas, dejó caer la cabeza entre las manos, desfallecida, abrumada; y oyendo las risotadas de los bandidos ebrios, sus blasfemias, las voces agudas de las mujeres; aspirando aquella atmósfera pesada, pestilente como la de una cárcel, no pudo menos que mesarse los cabellos desesperada, y derramando dos lágrimas que abrasaron sus mejillas como dos gotas de fuego, murmuró con voz enronquecida:

—¡Jesús!... ¡lo que he ido a hacer!

Capítulo 19

Xochimancas

Hemos introducido al lector en una de las madrigueras de los famosos *plateados* y que por aquella época nefasta que transcurrió de los últimos meses de 1861 a los últimos de 1862, sirvió de cuartel general a los temibles y espantosos bandidos que fueron la calamidad y la deshonra de nuestro país.

Era Xochimancas, y es todavía, una hacienda arruinada, es decir, una finca de campo, con buenos terrenos propios para el cultivo de la caña de azúcar o del maíz, con abundantes aguas, un clima ardoroso, y en suma, con todos los elementos necesarios para una agricultura tropical, productiva y fecunda. El algodón, el café, el índigo, la caña de azúcar pueden propagarse allí lo mismo que en los más fértiles terrenos de la cañada de Cuernavaca o de los distritos de Tetecala, de Yautepec, de Morelos o de Jonacatepec, rindiendo al agricultor el ciento por uno.

¿Por qué en aquella época no se veían en ese pequeño y ardiente valle las hermosas plantaciones de los ricos ingenios que en las otras comarcas que hemos mencionado?

No lo sabemos a punto fijo. Xochimancas, ya en ese tiempo era una ruina, pero ello revelaba que en épocas pasadas, desde la dominación colonial seguramente, había sido cultivada por los españoles como una buena finca de campo que rendía pingües productos ¿De cuándo databa su decadencia y su ruina? No lo hemos averiguado, aunque hubiera sido fácil, ni importa gran cosa para la narración de estos sucesos.

Pero sí es evidente que el lugar es propio para el cultivo, y que sólo la apatía, la negligencia o circunstancias muy particulares y pasajeras pudieron haberlo convertido en una guarida de malhechores, en vez de haber presentado el aspecto risueño y halagador de un campo de trabajo y de actividad, porque el nombre mismo, de origen náhuatl, indica que desde la época anterior a la conquista española este lugar era fértil y ameno, y tal vez en él tuvo asiento un pueblo de jardineros.

El ilustrado joven ingeniero Vicente Reyes, en su preciosa obra inédita intitulada Onomatología geográfica de Morelos, dice, explicando el jeroglífico correspondiente a Xochimancas:

Xochimancas: Hacienda de la Municipalidad de Tlaltizapan, en el distrito de Cuernavaca. Etimología: Xochimanca, lugar de cuidadores y productores de flores; de *Xochimanqui*, el cuidador y productor de flores, y *ca*. Formamos el nombre pictórico con el grupo que en la colección Ramírez sirve para descifrar la palabra Xochimancas, *Xochimanque*. Y luego citando al viejo cronista Sahagún, añade: En la fiesta celebrada el tercer mes, Tozostontli, ofrecían las primicias de las flores que aquel año primero nacían en el *eu* llamado Yopico, y antes que las ofrecieran, nadie osaba oler flor alguna.

Los oficiales de las flores que se llamaban *Xochimanqui* hacían fiesta a su diosa llamada Coatlycue, y por otro nombre Cuatlanton.

Y el laborioso y erudito anticuario Cecilio A. Robelo, en su *Nombres Geográficos Mexicanos del Estado de Morelos*, obra apreciabilísima, dice, citando a otro antiguo cronista, Torquemada: *Xochimancas, ¿Xochimán? Lugar en que se cuidaban o producían las flores que se ofrecían a los dioses*. Entre las divinidades de los aztecas se hallaba la Cohuatlicue o Cohuatlantona, culebra resplandeciente, diosa de las flores, a la que ofrecían en el mes Tozostontli ramos de flores formados con precioso artificio. Los oficiales encargados del cultivo de esas flores y de formar los ramos se llamaban *Xochimanqui*. El lugar que en el Estado lleva el nombre de Xochimancas, estaria tal vez destinado para el jardín de la diosa, o para la morada de los *Xochimanqui*, y de ahí quizás tomó el nombre, cuya terminación, como nombre de lugar, no hemos podido encontrar.

Así, pues, parece que, en la antigüedad azteca este lugar, hoy abandonado y yermo, fue un jardín, seguramente un vasto jardín, tal vez una ciudad llena de huertos y de flores, un lugar ameno y delicioso consagrado al culto de la flora azteca, a cuyo pie los inteligentes y bravos *tlahuica*, habitantes de esta comarca y celebrados floricultores, ofrecían, como homenaje, ricos en aromas y colores los más bellos productos de su tierra, amada del sol, del aire y de las nubes.

Sólo que, como dice nuestro sabio maestro el historiador Orozco y Berra: Por regla general, no siempre es fácil señalar los pueblos actuales correspondientes a los nombrados en las antiguas crónicas, porque si muchos conservan su nombre primitivo, aunque estropeado, otros cambiaron de apelación, se transformaron en haciendas o ranchos o desaparecieron completamente.

Xochimancas se transformó seguramente después de la conquista de Jardín o ciudad de jardines en hacienda, con encomenderos y esclavos; después en ruinas y guaridas de fieras y de reptiles, y al último en guarida de ladrones, y lo que es peor, y como vamos a verlo, en sitio de torturas y de asesinatos.

¡Triste suerte la de un lugar consagrado por los inteligentes y dulces indios a la religión de lo bello!

Capítulo 20

El primer día

Manuela pasó los cinco primeros días de su permanencia en Xochimancas, siendo presa de cien emociones diversas, terribles y capaces de quebrantar un organismo más fuerte que el suyo.

El primer día fue horrible para ella. La sorpresa que le causó el espectáculo de aquel campamento de malhechores; la extrañeza que naturalmente le produjeron aquellos hábitos repugnantes que no tenían ni siquiera la novedad de la vida salvaje, la ausencia de los seres que había amado, de su madre, de Pilar, de algunas personas amigas, hasta la falta de esas sensaciones a que se está habituado y que en la vida normal pasan inadvertidas, pero cuando desaparecen producen un vacío inmenso; las faenas del día, los toques de las campanas, el ruido de los animales domésticos, el rumor lejano de las gentes del pueblo, el rezo a ciertas horas, todo todo aquel sistema de vida sencillo, común, poco variable en una población pequeña, pero que podría decirse que amolda el carácter y forma la disciplina de la existencia, todo aquello había desaparecido en pocas horas.

Por resuelta que hubiese estado Manuela a sufrir este cambio, por anticipada que hubiera sido la imaginación de esta vida nueva, en el ánimo de la inexperta joven era imposible que la realidad hubiese dejado de causarle hondísima impresión. Ella, enamorada como estaba del joven bandido, había poetizado aquella vida, aquellos compañeros, aquellos horrores. Hemos dicho que había creado en su fantasía, rústica como era, un tipo especial novelesco y heroico. La joven que ama, por ignorante que sea, aunque se la suponga salvaje, es siempre algo poetisa. Atala es verosímil, Viginia lo es mucho más. Los amantes de los antiguos poemas bárbaros son enteramente reales. ¿Qué mucho que Manuela que había recibido alguna educación y que había vivido en una población culta, y que aun había leído algunos libros romancescos, de esos que penetran hasta en las aldeas y en los campos, se hubiese forjado un ideal extraordinario, revistiendo a su amante bandido con los arreos de una imaginación extraviada?

Pero Manuela, al pensar así, estaba muy lejos de la realidad, y su sueño iba a desvanecerse en el momento en que lo palpase de cerca.

En primer lugar, nunca pudo figurarse que el nido a que iba a conducirla aquel milano de las montañas fuese esa galera infecta de presidiarios o de mendigos. Ella suponía que el Zarco iba a llevarla a alguna cabañita salvaje, escondida entre los bosques, o a alguna gruta abierta entre las rocas que solía divisar a lo lejos entre los picos dentellados de la sierra. Ese, ese escondite era digno de la querida de un bandido, de un enemigo de la sociedad. Allí estarían solos, allí serían felices, allí ocultarían sus amores criminales, pero libres. Allí ella lo esperaría preparando la comida, y palpitante de pasión y de inquietud. Allí en un techo rústico y sentada sobre el musgo, ella acariciaría aquella frente querida que acababa de exponerse al peligro de un combate, besaría aquellos ojos fatigados por la vigilia de la emboscada o del asalto nocturno, o reclinándolo sobre su seno, velaría por su amante mientras dormía. Cuando el peligro fuese terrible, cuando hubiera necesidad de huir por la aproximación de las tropas del gobierno, allí vendría el Zarco a buscarla para ponerla a la grupa de su caballo, y escapar, o le ordenaría ocultarse en lo más escondido del bosque o de las barrancas mientras que podía volver a buscarla. Allí tendría ella también un lugarcito, sólo de ella conocido, para guardar sus valiosas alhajas. Tal era el concepto que se había formado del lugar en que iba a tener que vivir con su amante, mientras que podían alejarse de aquel rumbo e ir a casarse donde no los conocieran.

En vez de encontrar ese retiro misterioso y agreste, el Zarco la llevaba a esa especie de cárcel o de mazmorra para hacerla vivir mezclada con mujeres ebrias y haraposas, con bandidos osados que no respetaban a las queridas de sus compañeros y que pronto iban a tutearla, a ultrajarla, tal vez a robarla, en alguna ausencia del Zarco y quizás, y eso era lo más horroroso a juzgar por las chanzas amenazadoras de aquellos facinerosos, y por la actitud pasiva y tolerante del Zarco, cansado éste de su amor, iba a abandonarla en manos de uno de aquellos sátiros, vestidos de plata, tal vez de aquel espantoso demonio de mulato gigantesco que la había saludado con una frase sarcástica, cuyo tono le había hecho el efecto de un puñal en el corazón.

Todas estas consideraciones habían hecho sombrío para Manuela aquel primer día, que ella había soñado como un día luminoso alegre, un día nupcial de embriaguez y de deleite.

Con semejante impresión, aun las caricias del Zarco, que naturalmente redoblaron en aquellas horas, en que se encontraban, por fin, unidos, fueron insuficientes para tranquilizarla y devolverle la ilusión perdida.

La verdad es, y este fenómeno aparece con frecuencia en el espíritu de la mujer enamorada, que el amante que en las entrevistas nocturnas aparecía siempre lleno de prestigio, ahora había perdido mucho de él. Ahora le veía de cerca, vulgar, grosero, hasta cobarde, puesto que soportaba riendo las insultantes chanzas de sus compañeros que lastimaban hondamente a la mujer que amaba. No era, pues, entonces el Zarco el hombre terrible que infundía pavor y respeto a sus secuaces; ella suponía que aun entre los ladrones, la mujer del jefe debía ser un objeto sagrado, algo como la mujer de un general entre los soldados. Lejos de eso, se la trataba como una mujerzuela, como la presa de un asalto, y venía a aumentar el número de las desdichadas criaturas que componían aquella especie de harem nauseabundo que se alojaba, como una tribu de gitanas, en la vieja capilla.

Tal vez a ellas aludía el mulato cuando decía, al entrar Manuela:

—¡Si el Zarco tiene otras! ¿Pa' qué quiere tantas?

Esto era abominable.

Decididamente, Manuela sentía que ya no amaba al Zarco, que se había engañado acerca de los sentimientos que la habían obligado a escapar de su casa.

Pero entonces, examinándose más profundamente, sondeando el abismo oscuro de su conciencia, acababa por comprender con terror que había otra pasión en ella que la había sostenido en este amor malsano, que la había seducido, tanto como el prestigio personal del Zarco, y esa pasión era la codicia, una codicia desenfrenada, loca, verdaderamente absurda, pero irresistible y que había corrompido su carácter.

E irritada por esa consideración, se sublevaba contra ella, negaba, y con una gran apariencia de razón. No podía ser la codicia, no podían ser las valiosísimas alhajas que el Zarco le llevaba casi todas las noches de sus entrevistas, las que hubieran influido sobre ella para querer al bandido; no podían ser tampoco las esperanzas de obtenerlas todavía mejores por los robos sucesivos; porque, en suma, este tesoro y el que se reuniera después, es decir, el capital ya poseído y el que se esperaba, podían desaparecer en un momento con la muerte del bandido, con su derrota. Nada había más inseguro que este dinero de ladrones.

Por otra parte, la mujer ama las alhajas por el placer de ostentarlas en público, y ella no podía lucirlas delante de nadie, al menos por de pronto. No en las poblaciones, porque no podía bajar a ellas, y tampoco delante de aquellos malhechores, porque les darían tentaciones de arrebatárselas. Además, si hubiera sido el deseo del lujo el que la hubiese guiado en su afición al Zarco, él la habría decidido de preferencia en favor de Nicolás, porque el herrero poseía ya una fortuna regular y saneada, y aunque era económico como todo hombre que tiene moralidad y que gana el dinero con su trabajo difícil, es seguro que, enamorado como estaba de ella, le habría dado cuanto quisiera para verla feliz.

Así, pues, no era la codicia la que la había arrojado en los brazos de aquel amante: era el amor, era la fascinación, era una especie de vértigo, lo que la hizo enloquecer y abandonar todo, madre, hogar, honor, cuanto hay de respetable y de sagrado, por seguir a aquel hombre sin el cual, todavía hacia dos días, no podía vivir.

¡Y ahora!...

¡Pero esto era espantoso! Manuela creía salir de un sueño horrible. Habíanle bastado algunas horas para comprender todo lo execrable de su pasión, y todo lo irremediable de su desventura. Y era que, desvaneciéndose su ilusión malsana, y apagándose por eso la llama impura que había abrasado su corazón, iba reapareciendo la luz en su conciencia y palpándose la fría realidad con su cortejo de verdades aterradoras.

A tan dolorosa revolución, que se operaba cada vez más intensa, se agregaban, como es de suponerse, los punzantes recuerdos de la pobre anciana, de la dulce y tierna madre, tan honrada, tan amorosa, a quien había engañado vilmente, a quien había abandonado en el mayor desamparo, a quien había asesinado, porque era seguro que al despertar, al buscarla por todas partes en vano, al saber por su carta que había huido, la desesperación de la infeliz señora no habría tenido límites... ¡se había enfermado e iba a morir!

Ni quería pensar en ello Manuela; y así, abrumada por tantas emociones, torturada por tantos remordimientos, se apoderaba de ella el desaliento, el tedio de la vida y sentía que su corazón iba a perderse.

El castigo de su falta no se había hecho esperar mucho tiempo.

Entre tanto, el Zarco le prodigaba mil cuidados, la llenaba de atenciones; se esmeraba, acompañado de los bandidos y de las mujeres, en componer el departamento que le estaba destinado en la capilla, trayendo esteras nuevas, tendiendo jorongos, colgando algunas estampas de santos, y sobre todo, mostrándole sus baúles en los que había algunas talegas de pesos, alguna vajilla de plata, mezclada con arreos de caballo, con cortes de vestidos de seda, ropa blanca de hombre y de mujer, y mil otros objetos extraños. Hubiérase dicho que aquellas arcas eran verdaderos nidos de urraca, en los que todo lo robado estaba revuelto confusamente.

—Todo esto es tuyo, Manuelita, tuyo nada más; aquí tienes las llaves y yo te traeré más.

Manuela sonreía tristemente.

El Zarco al verla así, creía que estaba extrañando el cambio de vida; pero ni un momento pudo sospechar qué se había efectuado en el ánimo de su amada de cuya pasión estaba cada vez más seguro.

Así es que previno a aquellas mujeres que la entretuvieran, que la distrajeran elogiándole la existencia que se llevaba allí, las diversiones que se improvisaban y, sobre todo, la fortuna del Zarco en sus asaltos y sus presas.

En la tarde, el Zarco le trajo a dos bandidos que cantaban acompañándose de la guitarra y les encargó que entonaran sus mejores canciones. Manuela los vio con horror; ellos cantaron una larga serie de canciones, de esas canciones fastidiosas, disparatadas, sin sentido alguno, que canta el populacho en los días de embriaguez.

Los bandidos las entonaban con esa voz aguda y destemplada de los campesinos de la tierra caliente, voz de eunuco, chillona y desapacible, parecida al canto de la cigarra, y que no puede oírse mucho tiempo sin un intenso fastidio.

Manuela se sintió fastidiada, y los músicos, conociéndolo, muy contrariados por no haber agradado a la catrina, le dieron las buenas noches y se retiraron.

Llegó la noche, la noche pavorosa y lúgubre de aquel campamento de bandidos. Manuela fue a asomarse a la puerta de la capilla, deseosa de respirar aire puro y de contemplar el aspecto de aquel lugar que comenzaba a parecerle peligrosísimo a pesar de tener por apoyo al Zarco.

La noche era sombría y como la anterior, amenazaba tempestad. Las luces que brillaban por entre las ventanas y las grietas de aquellas ruinas les daban un aspecto todavía más espantoso.

Acá y acullá cruzaban patrullas a caballo que iban de avanzada o que hacían la ronda; reinaba un silencio sepulcral. La noche es para los malhechores favorable, cuando se emboscan o emprenden un asalto; pero está llena de terrores y de peligros también para ellos, si descansan en la guarida. Así que su sueño nunca es tranquilo y está turbado por cada rumor de la arboleda, por cada galope que se oye a lo lejos, por cada silbido del viento, por todo ruido extraño.

Aún seguros como estaban los *plateados* en Xochimancas, ya lo hemos dicho, no descuidaban ninguna precaución. Así es que su campo estaba guardado por avanzadas, por escuchas, por rondas, y todavía así, los jefes no dormían sino con un ojo.

Entonces tenían un motivo más para estar alerta. El rapto de Manuelita debía haber causado gran alboroto en Yautepec. El herrero de Atlihuayan, hombre peligroso para los *plateados*, y que los odiaba de muerte, pretendiente desdeñado de la joven, debía haber puesto en alarma a los vecinos y a sus amigos de aquella hacienda. Era gran conocedor de aquellos terrenos, y muy audaz y muy valiente. Además ese día había llegado a Yautepec la caballería que había ido a perseguir a los asaltantes de Alpuyeca, y aunque los *plateados* sabían a qué atenerse respecto de la bravura de aquella tropa, nada extraño sería que animada por el odio del herrero y por la resolución de los vecinos, se hubiera determinado a atacarlos.

Ya hemos visto que la previsión de los bandidos no carecía de fundamento, y que lo que ellos temían se intentó por Nicolás, aunque en vano, a causa de la cobardía del comandante.

Así es que la vigilancia se redobló en Xochimancas.

Salomé, el principal jefe de los *plateados*, había dicho, al oscurecer, al Zarco:

–Dios quiera, Zarco, que tu güera no nos vaya a traer algún perjuicio. Es necesario estar con cuidado; tú, vete con ella, y estate muy tranquilo, y diviértete, *vale* –añadió, guiñándole el ojo y riéndose maliciosamente–, que yo quedo velando. He avanzado a los muchachos por todos los caminos, y Félix se ha adelantado hasta cerca de Atlihuayan, por si hay algo. Conque, anda, vete y que duermas bien.

Algunas otras frases le dijo, pero debieron ser tales, que no quiso pronunciarlas sino en voz baja y en el oído del Zarco. El caso es que los dos se separaron riéndose a carcajadas. Salomé montó a caballo y seguido de una veintena de jinetes, se fue a hacer ronda. El Zarco se dirigió a la capilla, donde todos dormían ya, menos Manuela, que lo esperaba sentada en su banco, ceñuda y llorosa.

Capítulo 21

La orgía

Pasaron así algunos días que árecieron siglos a Manuela, siglos de aburrimiento y de tristeza. Érale imposible ya habituarse a aquella existencia entre los bandidos, puesto que a medida que el Zarco la trataba con mayor intimidad, siendo ya su querida, sentía mayor despego hacia él, despego complicado con una especie de miedo o de horror al hombre que había podido arrastrarla hasta aquel abismo.

Por una necesidad de su nueva vida, Manuela había tenido que entablar relaciones si no de amistad, al menos de familiaridad con aquellas mujeres que habitaban la capilla con ella, y aun con las queridas de los otros bandidos que vivían en otra parte.

Entre ellas hacía distinción de una, no porque fuese menos perversa, sino porque conocía muy bien Yautepec, donde había residido muchos años, y le hablaba siempre de personas que le eran conocidas, de doña Antonia, de Pilar, de Nicolás, sobre todo de Nicolás, a quien conocía mucho.

—¡Ay, Manuelita! —le había dicho esta mujer el primer día en que trabaron conversación—, yo me alegro mucho de que esté usted con nosotras, porque es usted tan bonita y tan graciosa, y porque quiero al Zarco y mi hombre lo quiere también, pero no por eso dejaré de decir a usted que ha hecho una gran tontería de venirse aquí con él. Si le hubiera puesto a usted en alguno de los pueblos, o haciendas, o ranchos donde tenemos amigos, habría hecho mejor y estaría usted más segura y más contenta. Pero aquí, mi alma, va usted a padecer mucho. Para nosotras, que hemos seguido a nuestros hombres en todas las guerras, y que hemos corrido con ellos la ceca y la meca, esta vida ya no es pesada, y al contrario, nos gusta, porque, en fin, estamos acostumbradas, y las aventuras que nos suceden son divertidas algunas veces, fuera de que tenemos también nuestro reparto en ocasiones y nos tocan regulares cosas. Es cierto que pasamos también buenos sustos, y que hay días en que no comemos y noches en que no dormimos, y nuestros hombres nos pegan y nos maltratan, pero, ya digo, estamos acostumbradas y nada nos hace. Pero usted, una niña que ha estado tan recogida siempre, tan metidita en su casa, tan cuidada por su mamá, que tiene usted la carita tan fina y el cuerpecito tan delicado y que no está hecha a pasar trabajos, la verdad, mi alma, me temo mucho que se vaya a enfermar o que le suceda alguna desgracia. Ahora ya lo ve usted, está usted muy triste, se le echa de ver luego en la cara que no está usted contenta, ¿verdad?

Manuela respondió sólo derramando un mar de lágrimas.

—¡Pobrecita! —continuó aquella mujer—, yo la conocí a usted hace dos años, allá en Yautepec, ¡tan hermosa!, ¡tan decente!, ¡tan bien vestida! Parecía usted una Virgen, y que la querían a usted mucho los gachupines de la tienda y todos los muchachos bien parecidos de la población, aunque le hablaré a usted francamente, ninguno de ellos valía nada en comparación de don Nicolás, el herrero. Él, el pobrecito, es trigueñito, es feo, es desairado, como indio que es, y artesano, pero dicen que es muy trabajador, que tiene ya su dinero y que le quieren mucho. Aquí no hay que hablar bien de él, porque le tienen miedo y es el único a quien no le han podido dar un golpe, porque es muy valiente y no se deja; y como no tiene tierras, ni ganado, ni nada que le puedan coger, sino que tiene su dinero quién sabe dónde, de ahí es que habría necesidad de cogerlo a él para darle tormento y que lo entregara; pero no se ha podido, porque él es muy desconfiado y anda siempre muy bien armado y con otros compañeros, también resueltos. ¡Pero ése sí le habría convenido a usted, niña, y él andaba enamorado desde hacía tiempo de usted, y todos lo sabían! Eso es hablarle a usted la verdad y Dios me libre de que me oyera el Zarco, porque me sacaba los ojos, pero es la verdad. El Zarco es cierto que es buen mozo y simpático, y bueno para la pelea y tiene mucha fortuna; pero le diré a usted, tiene su mal genio, y si la sigue viendo a usted triste se va a enojar, y puede que...

—¡Qué! —interrumpió Manuela con vivacidad—, ¿que me pegue?

—¡Pues... oiga usted, Manuelita, no sería difícil! Él la quiere a usted mucho, pero ya le digo a usted, tiene muy mal genio...

—¡Pues eso sólo me faltaba! —replicó Manuela. Y luego añadió con amargura—: No, no lo hará, y ¿por qué lo había de hacer?, ¿qué motivo le doy?

—Ya se ve que ninguno, y al contrario, está muy enamorado de usted; pero por eso mismo, él es muy perro, y si la ve a usted triste, va a creer tal vez que usted no le quiere, que está usted arrepentida de haberlo seguido, y sería capaz de matarla de un coraje... Yo le aconsejo a usted que se muestre más alegre, que se haga la disimulada, que le dé a conocer al Zarco que está usted contenta, que se lleve con nosotras, que aguante las chanzas de los muchachos, que también han advertido ya que no los quiere usted; en fin, que se vaya usted haciendo a nuestra vida, porque al cabo, ya ahora mi alma, es usted del Zarco, y a no ser una desgracia, como por ejemplo, que lo maten, tiene usted que andar con él siempre, si no es que logra usted con modito que la lleve a otra parte; pero entonces puede que sea peor; porque tendrá usted que lidiar con las gentes, que sospecharían de usted, y además con los celos del Zarco, que estando ausente de usted ha de andar siempre desconfiado, y con el menor chisme que le cuenten, habrá pleitos y muertes, y se arrepentirá de haberse separado de él. Conque es mejor que haga usted lo que le digo, mucho disimulo y granjearse el cariño de todos.

Manuela comprendió fácilmente que aquella mujer tenía razón, y que, aunque amarga y desagradable, le había pintado la existencia que tenía que llevar con la verdad propia de la experiencia. Las razones que le daba no tenían réplica. Todo lo que le pasaba e iba a pasarle todavía no era más que la consecuencia ineludible de su aturdimiento, de su ceguedad, de su insensatez. Precipitada de cabeza en el abismo, no había desviación posible; tenía que caer hasta el fondo. Así pues, no había escapatoria; era como una avecilla presa en las redes, como una mosca envuelta en negra tela de una araña monstruosa, y más envuelta a medida que eran mayores los esfuerzos que hacía para salir de ella. A esta consideración, Manuela sentía circular en su cuerpo un calosfrío de muerte, y se apoderaba de ella un fuerte deseo de escaparse, de volar, al que sucedían luego un desmayo y un desaliento indecibles.

¡Fingir!, ¡disimular! Esto era horroroso, y sin embargo, no le quedaba otro camino. Se propuso pues, seguido, cambiar de conducta enteramente y engañar al Zarco para inspirarle confianza, a fin de aprovechar la primera oportunidad para escaparse de sus garras.

Semejante vida estaba llena de vicisitudes, de aventuras; no siempre estarian en aquella madriguera, no siempre andarían por aquellos vericuetos. Era posible que alguna vez tuviesen que atravesar cerca de alguna ciudad; entonces se refugiaría en ella, apelaría a las autoridades, llamaría en su auxilio; tal vez encontraría a Nicolás, le inspiraría compasión y la salvaría, él a quien los bandidos temían tanto, él que era tan valiente, tan honrado y tan generoso.

Porque, como es de suponerse, dado el cambio de ideas que se había operado en el ánimo de Manuela, a medida que el tipo del Zarco se iba cubriendo con las sombras del miedo, del horror y quizás del odio, el del joven herrero se iba iluminando con nueva y rosada luz.

Nicolás, aun para aquella mujer que no hacía más que hablar la verdad, valía más que el Zarco, más que todos aquellos bandidos que le tenían miedo. No estaba dotado de buena figura, pero en cambio, ¡qué alma tan hermosa tenía! Manuela ya había aprendido en tan pocos días a estimar lo que vale la apariencia cuando se la compara con el fondo. El Zarco, joven, guapo, agraciado antes para ella, hoy le inspiraba horror.

Nicolás, el obrero rudo, el indio atezado, con las manos negras y gruesas, blandiendo el martillo, junto al yunque, cubierto con su mandil de cuero, iluminado con los fulgores rojizos de la fragua, y ganando la vida con su honradísimo trabajo, le parecía ahora hermoso, lleno de grandeza, amable en comparación con aquellos holgazanes, carcomidos de vicios, cubiertos de plata, que habían arrancado por medio del asesinato y el robo, proscritos de la sociedad, viviendo con zozobra siempre, teniendo por perspectiva el patíbulo, durmiendo con sobresalto, buscando en la embriagllez y en el juego, el olvido de sus remordimientos o los únicos placeres de su vida infame.

¡Qué bella y qué dulce hubiera sido la existencia en la casa de aquel obrero, rodeada por el respeto de las gentes honradas! ¡Qué hogar tan tranquilo, por más que fuese humilde! ¡Qué días tan alegres consagrados desde el amanecer a las santas faenas de la familia! ¡Qué noches tan gratas, después de las fatigas del día, pasadas en suaves conversaciones y en un reposo no turbado por ningún recuerdo amargo! Y luego, la cena sabrosa y bien aderezada, en la mesa pobre, pero limpia, las caricias de los hijos, los consejos de la anciana madre, los proyectos para el futuro, las esperanzas que arraigan en la economía, en la actividad y en la virtud... todo un mundo de felicidad y de luz... ¡Todo desvanecido!... ¡todo ya imposible!

Y en medio de este cuadro, surgía rápida, pero precisa y clara, una imagen que hacía estremecer a Manuela. ¡Era la imagen de Pilar, de su dulce y buena amiga, que parecía amar a Nicolás en silencio y a quien acostumbraba decírselo en broma, como para humillarla! Y ahora... esta aparición fugaz, en ese sueño de dicha que se alejaba, producía a Manuela un sentimiento amargo y punzante. ¡Era la envidia! ¡Eran los celos!

Pilar merecía esa dicha, que ella, la insensata había desdeñado; pero, con todo, Manuela sentía un malestar indecible con sólo sospecharlo, y no se tranquilizaba sino pensando que tal unión era imposible, puesto que Nicolás no podía amar a la huérfana, apasionado como estaba de ella, de Manuela, y exacerbada como debía estar esta pasión a consecuencia de la fuga.

Con todo, apenas nacieron estos pensamientos en el espíritu de Manuela, después de la conversación con la mujer a quien había escogido por confidente, cuando se desarrollaron de una manera tenaz e implacable. La imagen de Pilar fue ya la pesadilla constante de Manuela y las sospechas tomaron el carácter de realidades, como sucede siempre en las imágenes vivas. Y es que Manuela amaba ya a Nicolás y lo amaba con el amor desesperado y violento que lucha con lo imposible.

Así es que, aunque se había propuesto seguir los consejos que se le habían dado, y adoptar el camino del disimulo, no pudo hacerlo y se encerró en un silencio y en una tristeza más obstinados todavía que los de los días anteriores.

El Zarco se manifestó enojado, al fin, y le riñó.

—Si sigues triste, vas a hacer que yo cometa una barbaridad —le dijo.

Manuela se encogió de hombros.

Pero una tarde llegó el Zarco a caballo y muy contento. Durante el día había hecho una expedición en unión de varios compañeros. Saltó del caballo a la puerta de la capilla y corrió a ver a Manuela, que casi siempre se hallaba encerrada en la especie de alcoba que se le había improvisado.

–Toma –le dijo el bandido–, para que ya no estés triste.

Y puso en sus manos una talega con onzas de oro.

–¿Qué es esto? –preguntó Manuela con disgusto.

–Mira lo que es –contestó el Zarco, vaciando las onzas en la cama.

–Cien onzas de oro –añadió–, que me acaban de traer, y mañana me traerán otras cien, o le corto el gaznate al francés.

–¿Qué francés? –preguntó Manuela horrorizada.

–Pues un francés que me fueron a traer los muchachos hasta cerca de Chalco, figúrate, hasta cerca de México. ¡Es rico y aflojará la mosca o se muere! Ya mandó la familia cien onzas, pero si no manda quinientas la lleva. Por ahí le tengo comiendo una tortilla cada doce horas.

–¡Jesús! –exclamó Manuela espantada.

–¡Qué! ¿Te espantas, soflamera? ¡Pues vaya que estás lucida! En lugar de que te alegraras, porque con ese dinero vamos a ser ricos. Yo les daré a los compañeros algo, pero nos cogeremos la mayor parte, y después nos iremos zafando de aquí, poco a poco porque no se puede hacer luego, y nos marcharemos por ahí, para Morelia o para Zacatecas o para en casa de los diablos, donde no sepan quién soy, y pondré un mesón o compraremos un rancho, porque, lo que eres tú, no tienes pinta de querer llevar esta vida, ¡y que me lo habías prometido!...

Manuela, sin darse por entendida por este reproche, después de haber mirado el dinero con indiferencia, le contestó:

–Oye Zarco, aunque no me traigas más dinero te ruego que sueltes a ese hombre. ¿Dices que está comiendo una tortilla cada veinticuatro horas?

–Sí –replicó el Zarco, sorprendido de la pregunta.

–Pues bien –continuó Manuela–, yo te suplico que le des de comer bien, y que luego lo dejes libre y aunque no te dé más dinero.

–¿Qué es lo que estás diciendo? –preguntó el Zarco con voz ronca en que se traslucía la cólera más salvaje–. ¿Estás loca, Manuela, para decirme eso? ¿No sabes que cada rico que cae en nuestras manos tiene que comprar su vida pesándose en oro? ¿Conque nada más por ti, por ti nomás, ingrata, he arriesgado a los muchachos para que vayan a traerrne a ese rico, para que nos dé dinero, para que nos replete de onzas, para que te compres alhajas, vestidos de seda, todo lo que quieras, y ahora me sales con esta compasión y con estos ruegos? Pues seguramente tú no has acabado de saber quién soy yo, y de lo que yo soy capaz. Tú eres muy buena, Manuelita, y te has criado entre gente muy escrupulosa y muy santa; pero tú sabías quién era yo, y si no te creías capaz de acomodarte a mi modo, ¿para que te saliste de tu casa? Ya sabías lo que soy, ya sabías de dónde venían las alhajas que te he dado. ¿De qué te espantas ahora? ¿Te has venido aquí para predicamos sermones? Pues pierdes el tiempo y me estás fastidiando, porque, la verdad, ya no aguanto tus gestos y desprecios para mis compañeros y tus lágrimas y tus soflamas. Hace varios días que Salomé, Félix y el Coyote me están diciendo que he hecho mal en traerte aquí con nosotros, y que tú nos vas a causar alguna desgracia, y yo, sólo por el cariño que te tengo, he estado sufriendo sus indirectas y creyendo darte gusto he expuesto la vida de mis mejores compañeros para que me traigan a un rico y pelarlo y darte dinero, mucho dinero, y ¡que me salgas con esta tontera!... La verdad, Manuelita, no lo he de aguantar. Si tu modo de pensar era diferente, ¿por qué no te casaste con el indio de Atlihuayan? ¡Ese no es ladrón! Pero conmigo, la bebes o la derramas... o te conformas con la vida que llevo o te mueres, Manuela —dijo el Zarco arrimándose a la joven abriendo los ojos, apagando el acento y poniendo la mano en el puño de la pistola.

Manuela tembló ante esta explosión de ira.

—Pero yo quería —dijo con timidez— que por causa mía no fueras a matar a ese extranjero... Era por ti, sólo por ti... porque tengo miedo de que cometas un crimen...

—¡Crimen! —repitió el Zarco, lívido de cólera y con voz nasal, pero ya un poco calmado—. ¡Crimen! ¡Vaya una tonta! ¿Pues tú estás pensando que ésta es la primera zorra que desuello? ¡Vete al demonio con tus escrúpulos! Este francés se irá adonde se han ido los otros, aunque no sea para darte a ti el dinero. ¿No sabes, inocente, que el rico que cae en nuestro poder nos pertenece a todos? Aunque yo quisiera echar libre al francés, ¿piensas que los demás me habían de dejar? Pues ¿y la parte que les toca?

—Bien, no hablemos ya más de eso —dijo Manuela espantada—; has lo que quieras, Zarco, no te diré más.

—¡Pues está bueno —replicó el bandido—, y harás bien! Ahora lo que hay que hacer es aprovecharse de la ocasión. Guarda esas onzas sin hacer ruido, y no hables ni me molestes con llantos y con quejumbres.

Acabando de decir esto el Zarco, se oyó un gran ruido de voces, mezclado al rasgueo de guitarras y de jaranitas, y entraron en la capilla Salomé Plasencia, *Palo Seco*, el Tigre, Linares y otros veinte bandoleros más, que parecían regocijados y estaban ebrios.

—¡Zarco! —gritaron—; ahora eres rico, hermano, y vamos a hacer un baile para que se alegre la chata que te has traído de Yautepec y que se está muriendo de tiricia.

—¡A ver! ¡Sácala, negro, sácala, y que venga a bailar con nosotros el *valse* y la *polka* y el *chotis*!

—Ven Manuelita, y cuidado con disgustar a mis compañeros —dijo el Zarco, tomando de la mano a la joven, que se dejó arrastrar como una víctima y que procuró fingir una sonrisa.

—Aquí estoy, hermanos, y aquí está mi chata para ir al baile.

—*Güerita* —dijo Salomé que traía una botella en la mano—, nos va a acompañar al baile que vamos a hacer para celebrar las hazañas de su querido, el Zarco; antier le dio el tormento de la caña al francés y escupió luego las oncitas que debe usted haber guardado, buena moza, y vamos a beber y a gustar... Véngase para acá y deje de estar allí tan triste como la Virgen de la Soledá en Viernes Santo.

—Bueno, bueno —dijo el Zarco—, vamos a disponer el baile y a preparar los licores, pero ya vendré por Manuela para llevarla. Vístete, mi vida, y componte para el baile, que ya vengo por ti.

—Zarco, tú eres celoso —dijo Salomé, dándole una palmada en el hombro, con tono de burla—; eres celoso, y tú sabes que entre nosotros eso no se usa. Por ahora te consentimos esas soflamas pero no sigas con ellas mucho tiempo, hermano, porque no convienen.

Manuelita tembló. Todo se convertía en nuevos peligros para ella. Luego que se quedó sola, llamó a su confidente para que la ayudara a vestirse, y en realidad para hablar con ella.

—¿Quién es ese francés que tienen preso? —le preguntó—. ¿No sabe usted nada?

–¡Cómo no! –contestó la mujer–, y me extraña mucho que usted no lo sepa. Ahí está el francés en un sótano de la casa de la hacienda, y todos los días le dan tormento para que escupa el dinero de su familia, que está en México. Dicen que ya dio una talega, y que la tiene el Zarco. El *Amarillo* (se llamaba su hombre) es el que lo cuida ahora, lo mismo que a los demás.

–¿Pues qué, hay otros? –preguntó curiosamente Manuela.

–Ya se ve que hay otros –respondió la mujer–. Hay un gachupín, hay otro tendero, otro viejo muy tacaño que se queja todo el día, y otros más pelados, pero que pueden dar sus cien o doscientos pesos. ¡Siempre es algo!

–¿Y podría yo vedas?

–¡Cómo no! Si el Zarco quiere llevarla a usted, lo más fácil; pero como es usted tan delicada, se va usted a afligir.

–No me afligiré –respondió Manuela, con aire de resolución–; ya estoy cambiada, ya voy a seguir los consejos de usted.

–¡Ah, qué gusto! –exclamó la mujer–, entonces va usted a divertirse mucho. ¡Ya verá usted!

Como el Zarco llegaba en ese momento, Manuela le rogó que la condujera a donde estaban los *plagiados*.

El Zarco la miró con sorpresa.

–¿Tú? –le dijo–, ¿tú quieres ver a los presos? Pero ¿qué ha sucedido?

–Ha sucedido –contestó Manuela–, que voy a probarte que no estoy triste ni descontenta con esta vida; que no me espanto de nada, y que, cuando me resolví a dejar mi casa y mi familia por ti, es que estaba yo determinada a seguirte a todas partes y a participar tu suerte.

–¡Bueno, muchacha, eso sí me gusta! Me tenías muy disgustado, pero, puesto que estabas fingiendo, y que eres lo que yo pensaba, ahora sí soy feliz. Vaya llevarte adonde están esos tarugos y no les tengas lástima, porque tienen dinero y no arriesgan la vida como nosotros.

Manuela, ya vestida y compuesta para el baile, y muy bella, a pesar de su palidez y de su demacración, se dejó conducir por el bandido hasta las viejas bóvedas de los *purgares*, que servían de cárcel a las desdichadas víctimas de los facinerosos.

En la única puerta que había practicable, estaba una guardia de veinte bandidos, armados de mosquetes, pistolas, machetes y puñales. Todos guardaban silencio y tenían cubiertos los rostros con pañuelos.

Aquellos vastos salones abovedados, que habían servido en otro tiempo para guardar los panes de azúcar y que son conocidos en las haciendas con el nombre de *purgar*, habían estado completamente oscuros si en los ángulos no hubiera alumbrado una lamparilla de manteca, junto a la cual se tendían en petates inmundos cuatro hombres atados de pies y manos, vendados los ojos, y que habrían sido tomados por cadáveres si de cuando en cuando no hubiesen revelado en movimientos de dolor o en apagados sollozos, que eran cuerpos que vivían.

—¡Mira al francés! –dijo el Zarco a Manuela, llevándola a uno de los rincones y señalando a un hombre anciano, con la cabeza gris, fuertemente vendada y que apenas daba señales de vida.

Junto a él había vigas en cruz, reatas, lanzas y algunos otros objetos de torturas, un jarro de agua y una botella de aguardiente.

—Antier le hemos dado *caña* a este maldito gabacho y por eso ha dado las onzas, pero si no suelta más dinero le haremos algo peor. No sabe todavía lo que es tener el pescuezo apretado ni que le saquen las uñas de los pies y de las manos. ¡Ya lo sabrá!

A estas últimas palabras dichas en voz alta el pobre francés, que las había oído, trató de incorporarse y con voz débil y suplicante, dijo:

—¡Oiga, señor, por el amor de Dios, máteme, ya no puedo más, máteme!

—No, todavía no, viejo agarrado; manda traer otras cuatrocientas onzas; si no ya verás lo que te pasa.

—No tengo más onzas —contestó el desdichado–. ¡Soy pobre, tengo familia, tengo hijos, no hay quien me preste!... ¡No tengo más! ¡No tengo más!... ¡mátenme!...

—Vámonos –dijo Manuela, próxima a desmayarse–; si no tiene dinero, mátenlo...

—No –repuso el Zarco riendo con una risa siniestra y espantosa–; eso dicen todos: se desesperan, quieren morir, pero como la vida no retoña, acaban por soltar la mosca. Mañana dará éste lo que le pedimos. Ya se avisó a su familia, y ya escribió él diciendo lo que le pasa.

—Bien —dijo Manuela, toda temblando—, ¿pero qué?, ¿el gobierno no mandará tropa a perseguir a ustedes y a libertar a éstos? ¿Sus familias no avisarán?

—¡Ah, no!, no les conviene, porque tendrán miedo de que los matemos. Además, no puede el gobierno mandar fuerza contra nosotros, y aunque los enviara no nos harían nada; no nos encontrarían aquí. ¡Si tú no sabes, Manuelita; nosotros somos fuertes, estamos seguros y lo que es por ahora, nadie nos ronca!... ¡Pero vámonos al baile, que ya nos están aguardando! Es preciso que bailes con todos, que estés risueña; no vayan a decir que soy celoso y vayamos a tener una *tinga*.

Manuela salió del *purgar* apresuradamente lívida, convulsa, con los ojos fuera de las órbitas, loca de horror y de pavor. Por espantoso que fuera a ser ese baile, no podría producirle el pavor, la inmensa repugnancia que acababa de causarle el cuadro de los *plagiados*.

Como el baile se daba en las piezas que estaban un poco más enteras en la antigua casa de la hacienda, y junto a las bóvedas del *purgar*, la pareja subió las ruinosas escaleras y pronto se presentó en el salón, alumbrado con velas de sebo y lleno de humo en que se habían reunido los bandidos para divertirse.

Resonaban allí algunos bandolones, guitarras y jaranas tocando *polkas* y *valses*, porque es de advertir que esos bandidos eran poco aficionados a los bailes populares, como el jarabe, y sólo como una especie de adorno

o de capricho solían usarlos. Los *plateados* tenían pretensiones, bailaban a lo decente, pero por eso mismo sus bailes tenían todo el aspecto repugnante de la parodia o grotesco de la caricatura.

Al entrar Manuela con el Zarco, se alzó una gritería espantosa: vivas, galanterías, juramentos, blasfemias; todo ello salió de cien bocas torcidas por la embriaguez y la crápula. Todos los bandidos famosos estaban allí, cubiertos de plata, siempre armados, cantando unas canciones obscenas, abrazando otros a las perdidas que les hacían compañía. Manuela se estremeció; apenas acababa de soltarse del brazo del Zarco, cuando se acercó a ella el mulato colosal y horroroso que tanta repugnancia le inspiraba. Traía todavía su venda, que le cubría parte de la cara; pero dejaba ver su enorme boca, armada de dientes agudos y blancos, de los que sobresalían los dos colmillos superiores que parecían hendirle el labio inferior, y venía literalmente forrado en plata, como si hubiera querido sobrepujar en adornos a sus demás compañeros.

—Ora va usted a bailar conmigo, güerita —dijo a Manuela, cogiendo con una de sus manazas el brazo blanco y delicado de la joven.

Por un movimiento irresistible, Manuela retrocedió asustada y procuró seguir al Zarco para refugiarse con él. Pero el mulato la siguió, riéndose, la ciñó el talle con su brazo nervudo, y dijo al Zarco:

—Mira, Zarco, a tu chata, que corre de mí y no quiere bailar: ¡oblígala!

—Hombre, ¿qué es eso, Manuela? ¿Por qué no quieres bailar con mi amigo el Tigre? Ya te dije que has de bailar con todos, para eso has venido.

Manuela se resignó, y fingiendo una sonrisa lastimosa, se dejó conducir por aquel monstruo de fealdad y de insolencia.

—¡Ah! —exclamó éste, echándose el gran sombrero para atrás, mientras que seguía ciñendo y apretando convulsivamente la cintura de Manuela—. ¡Bien dije yo que había de tener el gusto de abrazarla a toda mi satisfacción! Por ahora está usted con un hombre y nos vamos a dar gusto bailando este *chotis*.

Manuela casi cerró los ojos y se dejó llevar por aquella especie de cíclope, que la devoraba con el único ojo que le quedaba libre y que la bañaba con su resuello, como con un vapor de aguardiente.

Al verlos pasar así, espantoso él como una fiera rabiosa, y débil ella y doblada, como una presa, los demás bandidos le gritaban:

—¡Ah, Tigre, no te comas a esa venadita!

Después de haber dado algunas vueltas en aquel salón infecto, atropellando y empujando a cincuenta parejas de bandoleros y de mujeres ebrios, el Tigre dejó de bailar, pero inclinándose hacia su compañera le dijo con voz ahogada por los deseos y apretándole brutalmente el brazo.

—Chatita, desde que la vide llegar con el Zarco me gustó y le encargué a la Zona, la mujer del *Amarillo*, que se lo dijera, no para que usted me correspondiera luego, lueguito, sino para que lo supiera de una vez; no sé si se lo habrá dicho.

Manuela no contestó.

—Pues si no se lo ha dicho, ahora se lo digo yo francamente; usted me ha de llegar a querer.

—¿Yo?... —exclamó la joven asustada.

—¡Usted! —replicó el Tigre—, ¡ya verá usted!... El Zarco no es constante y le ha de pagar a usted mal, como le ha pagado a todas... Pero yo estoy aquí, mi alma, para que cuando le dé el desengaño se acuerde usted de mí, y entonces sabrá usted quién es el Tigre; usted no me conoce y no conoce todavía al Zarco. No se espante de verme así con la cara vendada, porque precisamente estoy así por causa de usted.

—¿Por causa mía? —preguntó Manuela con una curiosidad mezclada de pavor.

—Sí, por causa de usted, y se lo voy a explicar. Me hirieron en Alpuyeca los *gringos* a quienes matamos. Yo los maté, ¡vaya!... yo fui quien sostuvo la pelea, mientras que el Zarco robaba los baúles; un *gringo* me dio un balazo con su pistola, que por poco me saca un ojo; pero al fin se murió él y se murieron todos los que lo acompañaban en clase de hombres. Pero el Zarco apenas nos dio la mano en lo fuerte de la pelea, y después de que ya estaban todos caídos y moribundos, fue cuando vino él y los mató cuando estaban rendidos, y mató a las mujeres y a los muchachos. Sí, señor, así fue. El Zarco es un lambrijo y una gallina, pero eso sí, se sacó todas las alhajas para llevárselas a usted y no nos dejó más que la ropa inútil, porque ¿para qué queríamos eso? Levitas, sacos, túnicos viejos, trapos de catrines. Y el Zarco se cogió lo mejor, después que nosotros triunfamos. ¡Está bueno! ¡Los gavilanes no chillan! Pero luego que vide a usted, dije: ¡Ora sí, me emparejé! Que se lleve el Zarco las alhajas, pero que nos deje a la güerita y estamos a mano.

Manuela parecía ser presa de una pesadilla y se sintió desfallecer. Aquellas revelaciones sobre el Zarco, sus asesinatos de las mujeres, de los moribundos y de los niños, aquellas amenazas del Tigre, todo era superior a sus fuerzas y a su resolución de afrontar semejante vida. ¡Había caído en el infierno! Había creído que aquellos hombres eran simplemente bandidos, y en realidad eran demonios vomitados por el averno. ¡Oh! ¡Si hubiera podido escapar en ese momento; ¡si hubiera podido al menos morir! Quedóse paralizada y muda. Sacóla de aquel estado la voz áspera y ronca del Tigre, que le preguntó:

—¿Qué es lo que le pasa, linda? ¿Se asusta de lo que le digo?... ¿No le había contado a usted el Zarco todas sus hazañas y valentías? Apuesto a que no; pues sépalas y váyase conformando con lo que le digo, usted ha de venir a parar a mi poder.

—¿Pero usted cree que el Zarco se va a dejar? —exclamó al fin Manuela, sofocada de ira y de fastidio.

—¡Y a mí qué me importa que se deje o no, chata! ¿Pues qué? ¿Usted piensa que yo le tengo miedo a ese collón? Si usted admite mi cariño, ahora mismo, dígame una palabra y mato al Zarco. Con eso, de una vez se queda usted libre... Si no, esperaré, y ya verá usted lo que pasa.

—¡Pues yo se lo voy a decir al Zarco para que esté prevenido!

—¡Pues dígaselo usted, linda, dígaselo usted! —respondió el Tigre, con una risa desdeñosa y siniestra, en que se revelaba una resolución espantosa—. Ya el Zarco me conoce —añadió— y verá usted si es verdad lo que le digo; el Zarco, de quien se ha enamorado usted porque lo ha creído hombre, no es más que un lambrijo. Conque dígaselo usted, y para que sea pronto, la voy a sentar y me quedo aguardando.

Manuela fue a sentarse aterrada. Seguramente iba a producirse allí una catástrofe; el Tigre deseaba provocarla a toda costa para matar al Zarco, y ella estaba destinada a ser el botín del vencedor. ¡Qué situación tan espantosa! Manuela se sentía agonizar.

Pero cuando ella buscaba con angustia a su amante, a quien, a pesar del horror que ya le inspiraba, creía ser su único apoyo, lo vio dirigirse hacia ella, ceñudo, frío, lívido de cólera. Manuela creyó que estaba celoso del Tigre y pensó que era llegado el momento de la riña que estaba temiendo.

Pero el Zarco, con una sonrisa sarcástica y enronquecido por la ira, le dijo:

—¡Conque ya sé cuál es el motivo de tus tristezas y de tu aburrimiento en estos días, ya me lo han contado, y no me la volverás a pegar, arrastrada!...

—Pero, ¿qué es? ¿Qué es? ¿Qué te han contado, Zarco? —preguntó Manuela, tan asombrada como despavorida al oír esas palabras.

—Sí; ya me dijo la Zorra que lo que hay es... que te has arrepentido de haberte largado conmigo, que has conocido que no me querías... de veras...; que el único hombre a quien amabas era el indio Nicolás; que sientes haberlo dejado; que la vida con los *plateados* no te conviene, y que en la primera ocasión que se te ofrezca me has de abandonar.

—¡Pero yo no he dicho!... —interrumpió temblando Manuela.

El Zarco no la dejó acabar.

—¡Sí, tú se lo has dicho, falsa y embustera; no quieras negarlo! Yo tengo la culpa por fiarme en una catrina y una santularia como tú, que no quería más que alhajas y dinero... Pero, mira —añadió cogiéndole un brazo y apretándoselo bestialmente—, lo que es de mí no te burlas, ¿me entiendes? Ya te largaste conmigo y ahora ves para qué naciste. ¡En cuanto al indio herrero, o, yo he de tener el gusto de traerte su cabeza para que te la comas en barbacoa, y después te morirás tú, pero no te has de quedar riendo de mí!

Manuela apenas pudo decir al Zarco en actitud suplicante:

—¡Zarco, hazme el favor de sacarme de aquí, estoy enferma!...

—¡No te saco, muérete! —contestó el bandido en el paroxismo del furor.

No bien acababa de decir estas palabras cuando hubo un gran ruido en la puerta de la sala, y varios bandidos, cubiertos de polvo y con el traje desordenado por una larga caminata, se precipitaron adentro con aire azorado, y preguntando por Salomé Plasencia, por el Zarco, por el Tigre y por los demás jefes.

Salomé y los otros fueron a su encuentro.

—¿Qué hay? —preguntó aquél, mientras que todos los *plateados* iban formando círculo en torno suyo y cesaban, como es de suponerse, la música y la algazara del baile.

—Una novedad —respondió uno de los recién llegados, sofocándose—. Hemos corrido diez leguas para avisarles... Martín Sánchez Chagollán, el de Ayacapixtla, con una fuerza de cuarenta hombres, ha sorprendido a Juan el Gachupín y a veinte compañeros y los ha colgado en la catzahuatera del Casasano.

—¿Y cuándo? —preguntaron en coro los bandidos aterrados.

—Anoche, a cosa de las diez los sorprendió. Estaban emboscados esperando un cargamento que iba a pasar, cuando Martín Sánchez les cayó, los acorraló y apenas pudieron escaparse cinco o seis, que vinieron a buscarnos y que se han quedado heridos y no han podido venir hasta acá.

—¿Pero... qué?... ¿no pelearon esos muchachos? —preguntó Salomé.

—Sí, pelearon, pero los otros eran más y traían muy buenas armas.

—¿Y qué, no tuvieron aviso?

—¡Eso es lo que extrañamos!, pero creo que la gente comienza a ayudar a Martín Sánchez y a faltamos a nosotros.

—Pues, es preciso vengar a nuestros compañeros y meter miedo a las gentes, para que no se vayan a voltear enteramente contra nosotros. Mañana, amaneciendo, todos vamos a salir de aquí, y que se nos reúnan los demás que andan dispersos, y vamos a buscar a Martín Sánchez y a ver si es tan bueno contra quinientos hombres como contra treinta. Conque alístense para mañana.

—¿Y qué hacemos con los presos? —preguntó uno.

—Pues esos que se mueran —dijo Salomé—, ¿para qué queremos estorbos?... Tú, Tigre, anda, y mátalos luego luego.

—Mira, Salomé —dijo el Tigre, adelantándose—, mejor dale esa comisión al Zarco; él sabe bien matar a los muertos —añadió con desprecio.

—¿Matar a los muertos dices, Tigre?

—¡Si, matar a los muertos! —replicó el Tigre—; acuérdate de Alpuyeca.

—¡Pues ya verás si sé matar también a los vivos! —replicó el Zarco, lívido de cólera.

—¡Bueno, bueno —dijo Salomé, interponiéndose—; no queremos disputas; cualquiera es bueno para despachar a los presos! El caso es que no amanezcan; llévenle la orden al *Amarillo* y vámonos. Se acabó el baile.

—¡Ah!, ¡otra noticia! —añadió uno de los recién llegados—. Esta mañana se enterró, en Yautepec, la madre de la muchacha que se trajo el Zarco.

Entonces se oyó un grito agudo que hizo volver la cara a todos aquellos hombres.

—¡Mi madre! —exclamó Manuela, y se dejó caer desfallecida en el suelo.

—¡Pobrecita! —dijeron las mujeres, ya vueltas en sí de la embriaguez ante aquella lluvia de malas noticias.

—Levántala, Zarco, y llévatela y que se conforme, porque si no, nos va a estorbar.

El Zarco, ayudado de algunas mujeres levantó a Manuela, la cargó y se la llevó a la capilla, donde la recostó en su cama. La joven estaba moribunda. Tantas emociones seguidas, tantos peligros, tantas amenazas, tantos horrores, habían abatido aquella naturaleza débil y estaban oscureciendo aquel espíritu. Manuela estaba como idiota y no hacía más que llorar en silencio.

El Zarco, preocupado también con mil pensamientos diversos, encolerizado contra el Tigre, celoso de Nicolás, cada vez más enamorado de Manuela, pero contrariado infinitamente por las últimas noticias, y por la necesidad que había de marchar, no sabía qué hacer.

Daba vueltas como una fiera encerrada en su jaula; llamaba a las mujeres para que asistieran a su querida, comunicaba órdenes a los bandidos que lo obedecían y lo servían, preparaba maletas, registraba los baúles, se sentaba unas veces a orillas de la cama en que se reclinaba Manuela, y veía a ésta con miradas en que era difícil distinguir el amor, el odio o las tentaciones de una resolución siniestra; y otras se ponía a pasear a lo largo de la capilla, blasfemando.

Por fin, se acercó a la joven y con acento frío y seco le dijo:
–Ya eso no tiene remedio; deja de llorar, y prepárate para que marchemos mañana de aquí y ayúdame a hacer las maletas. Guarda bien tus alhajas; eso es lo que te importa.

–Entre nosotros –añadió, viendo que Manuela sollozaba con más violencia–, no se usa afligirse tanto ni hacer tanto duelo cuando se nos muere alguno... ¡para eso nacimos! Además, tu madre ya estaba vieja, y me aborrecía la buena señora, rézale un sudario, y amén... no vuelvas a acordarte de ella. Tu indio debe haberla enterrado y se cogerá la huerta, y se pagará los gastos; después lo enterrarás a él, no tengas cuidado, y tendrás el gusto de llorar en su sepultura.

Así, pues, aquel bandido, aquel Zarco, a quien Manuela había creído siquiera hombre, siquiera compasivo, no era más que un perverso sin entrañas, que se complacía en aumentar su tormento, en insultarla en los momentos de mayor pesadumbre, y en calumniar al hombre generoso que, seguramente y ya sin interés de ninguna especie había asistido en sus últimos instantes a la pobre anciana y le había dado sepultura.

¡Nicolás y Pilar! ¡Otra vez esta pareja, que no dejaba de aparecer en su imaginación! Ahora, ¡qué grandes y qué nobles le aparecían estos dos jóvenes!... Pero, ¡qué desgracia que no se le aparecieran así sino para causarle el horroroso tormento de los celos, y la indecible vergüenza de considerarse como un monstruo de ingratitud y de bajeza en comparación de ellos!

Y, sin embargo, atormentada y degradada, despreciable como era, el sólo pensar en Nicolás le parecía una vislumbre de consuelo en medio de aquella espantosa noche que la rodeaba por todas partes con sus tinieblas, sus terrores y sus peligros, desconocidos pero pavorosos.

Por fin se incorporó, y bebiéndose sus lágrimas, se puso a preparar las maletas, sintiendo la muerte en el alma.

Capítulo 22

Martín Sánchez Chagollán

Ahora bien: ¿Quién era el hombre temerario que se había atrevido a colgar a veinte *plateados* en los lugares mismos de su dominio, y que así había causado aquel movimiento en el cuartel general de los bandidos?

El nombre de Martín Sánchez Chagollán no era enteramente desconocido en Xochimancas, de modo que no causó sorpresa, pero sí la causó, y muy grande, saber lo que había hecho.

¡Colgar a veinte *plateados* en los catzahuates de Tetelcingo, es decir, en el corazón mismo de aquella satrapía en que no dominaban más que el crimen y el terror!

Pero, ¿quién era ese hombre? ¿Era acaso un jefe del gobierno, apoyado en la ley y contando con todos los elementos de la fuerza pública, con el dinero del erario y con el concurso de las autoridades y de los pueblos?

Nada de eso. Martín Sánchez Chagollán, personaje rigurosamente histórico, lo mismo que Salomé Plasencia, que el Zarco y que los bandidos a quienes hemos presentado en esta narración, era un particular, un campesino, sin antecedentes militares de ninguna especie; lejos de eso, había sido un hombre absolutamente pacífico que había rehusado siempre mezclarse en las contiendas civiles que agitaban al país hacía muchos años, y así, retraído, casi tímido, vivía entregado exclusivamente a los trabajos rurales en un pequeño rancho que tenía a poca distancia de Ayacapixtla, cerca de Cuautla de Morelos. Y con todo esto, era un hombre de bien a toda prueba, uno de esos fanáticos de la honradez, que prefieren morir a cometer una acción que pudiera manchar su nombre o hacerlos menos estimables para su familia o para sus amigos.

Con tales principios y en aquella época de revueltas y de corrupción, en que no pocos hombres rústicos y sencillos se vieron obligados a complicarse en las revoluciones o en los crímenes cometidos a la sombra de ellas, Martín Sánchez tuvo que sufrir mucho a fin de substraerse de compromisos y de enredos. Pero a fuerza de habilidad y de energía quedó limpio, y aunque visto con desconfianza y con recelo por todos los partidarios logró quedar tranquilo, viviendo arrinconado y oculto en su ranchito, cuidando sus pequeños intereses y ayudado de sus hijos, ya grandes.

Porque Martín Sánchez era un hombre ya entrado en años. Tenía unos cincuenta; sólo que contaba con una de esas robustas y vigorosas naturalezas que sólo se ven en el campo y en la montaña, fortificadas por el aire puro, la sana alimentación, el trabajo y las costumbres puras. Así es que, aunque cincuentón, parecía un hombre en toda la fuerza de la virilidad.

De estatura pequeña, de cabeza redonda, y que parecía encajada en los hombros por lo pequeño del cuello, sus anchas espaldas, sus brazos hercúleos y sus piernas torcidas y nervudas, revelaban en él al trabajador infatigable y al consumado jinete.

Sus ojos pequeños, verdosos y vivos, su nariz aguileña, su cara morena y bien colocada, su boca de labios delgados y fruncidos, su barba rasurada siempre juntamente con su frente estrecha y sus cabellos cortados a peine y casi rizados, le daban cierta apariencia felina. Tenia una vaga semejanza con los leopardos.

Tal era el hombre que ejerció una influencia importantísima en esa época en la tierra caliente, y a cuya acción se debió principalmente la extinción de esa plaga espantosa de bandidos que por años enteros asoló aquellas fértiles y ricas comarcas.

Vivía, pues, Martín Sánchez tranquilamente consagrado a sus labores, como lo hemos dicho, cuando estando ausente él y su esposa, cayó a su rancho una gran partida de *plateados*.

El anciano padre de Martín y sus hijos se defendieron hcroicamente, pero fueron dominados por el número, asesinado el anciano, así como uno de los hijos, saqueada la casa e incendiada después, y destruido todo lo que constituía el patrimonio del honrado labrador.

Cuando Martín Sánchez regresó de México, adonde había ido, no encontró en su casa más que cenizas, y entre ellas los cadáveres de su padre y de su hijo, que no habían sido sepultados aún porque los otros hijos, heridos y ocultos en el monte, no habían podido venir al rancho.

En fin, aquello era el horror y la desolación.

La esposa de Martín estuvo enloquecida algún tiempo de dolor y de miedo.

Martín Sánchez no dijo nada. Fue a buscar a sus hijos al monte; con ellos dio sepultura a los cadáveres de su padre y de su hijo, y despidiéndose de su pobre rancho, convertido en escombros, y de sus campos incendiados, se llevó a su mujer y a su familia al pueblo de Ayacapixtla, donde esperaba tener mayor seguridad.

Entonces vendió lo poco que le había quedado, y, con el dinero que reunió compró armas y caballos para equipar una partida de veinte hombres.

Después, ya sanos sus hijos, los armó, habló con algunos parientes y los decidió a acompañarle, pagándoles de su peculio, y una vez lista esta pequeña fuerza, fue a hablar con el prefecto de Morelos y le comunicó su resolución de lanzarse a perseguir *plateados*.

El prefecto, alabándole su propósito, le hizo ver, sin embargo, los terribles peligros a que iba a quedar expuesto en medio de aquella situación. Pero como Martín Sánchez le respondió que estaba enteramente decidido a perecer en su empresa, el prefecto en cumplimiento de su deber, le ofreció los auxilios que estaban en su poder, y lo autorizó para perseguir ladrones, en calidad de jefe de seguridad pública, y con la condición de someter a los criminales que aprehendiera al juicio correspondiente.

Así autorizado, Martín Sánchez partió con su pequeña fuerza. Pero comprendiendo bien que con tan débiles elementos no podía hacer frente a las huestes numerosas de *plateados* que merodeaban en los distritos de Morelos, Yautepec y Jonacatepec, se limitó a una guerra meramente estratégica, procurando combatir a partidas pequeñas con el objeto de aprovecharse de sus armas y caballos para aumentar su fuerza.

Así fue como, huyendo y caminando de noche, y pagando emisarios, y haciendo jornadas fabulosas, poco a poco fue derrotando algunas partidas de bandoleros y proveyéndose de armas, municiones y caballos.

Luchaba con el desaliento general, con el terror a los *plateados*, con la complicidad de muchas gentes, con la hostilidad de algunas autoridades, meticulosas o complicadas en aquellos crímenes; luchaba, en fin, hasta con la poquedad de ánimo de sus mismos soldados, que no teniendo más aliciente que el de un pequeño sueldo, iban arriesgando la vida, y arriesgándola con los *plateados*, que daban a los prisioneros y a los *plateados* una muerte siempre acompañada de espantosas torturas.

Así es que Martín Sánchez tenía que vencer día a día tremendas dificultades, pero su sed de venganza le dio fuerzas superiores.

Esa sed fue su resorte.

Movido por un sentimiento personal, poco a poco, en él, fueron reuniéndose los rencores generales, como en un pecho común; cada venganza por un crimen de los *plateados* encontraba en su espíritu un eco, cada asesinato cometido por ellos era inscrito en el tremendo libro de su memoria; cada lágrima de viuda, de huérfano, de padre, se depositaba en su corazón como en una urna de hierro. De vengador de su familia se había convertido en vengador social.

Era el representante del pueblo honrado y desamparado, una especie de juez Lynch, rústico y feroz también, e implacable.

Había suprimido en su alma el miedo, había abrazado con fe su causa, esperando que en ella dejaría la vida, y estaba resuelto; pero también había suprimido entre sus sentimientos, el de la piedad para los bandidos.

Ojo por ojo y diente por diente. Tal era su ley penal.

¿Los *plateados* eran crueles? Él se proponía serlo también.

¿Los *plateados* causaban horror? Él se había propuesto causar horror.

La lucha iba a ser espantosa, sin tregua, sin compasión.

¿Quién ganaría? ¡Quién sabe, pero Martín Sánchez se lanzaba a ella con los ojos cerrados y con la espada desnuda y con el pecho acorazado por su sed de venganza y de justicia!

Los bandidos debían temblar. ¡Había aparecido por fin el ángel exterminador!

Para aquellas inmundas aves de rapiña no había más que el águila de la montaña, de pico y de garras de acero.

Martín Sánchez era la indignación social hecha hombre.

Capítulo 23

El asalto

La *Calavera* era una venta del antiguo camino carretero de México a Cuautla de Morelos, más famosa todavía que por ser paraje de recuas, de diligencias y de viajeros pedestres, por ser lugar de asaltos.

En efecto, no en la venta propiamente, pero sí un poco más acá o un poco más allá, siempre había un asalto por aquella época. Y es que por allí las curvas del camino, lo montuoso de él y la proximidad de los bosques espesos, y de las barrancas ofrecían grandes facilidades a los ladrones para ocultarse, emboscarse o escapar.

Por eso los pasajeros de la diligencia o los arrieros no se acercaban a La *Calavera*, sino santiguándose y palpitando de terror. El nombre mismo del paraje es lúgubre. Probablemente allí había habido, en los antiguos tiempos, una calavera clavada en los árboles del camino y que pertenecía a algún famoso bandido ajusticiado por las partidas de *Acordada* en la época colonial; o tal vez había habido muchos cráneos de ladrones, y el vulgo, como tiene de costumbre en México, había singularizado el nombre para hacerlo más breve.

El caso es que el lugar es siniestro en demasía, y que no se veía antiguamente el caserón oscuro, ruinoso y triste de la venta sin un sentimiento de disgusto y de terror.

Allí, pues, una tarde de otoño, ya declinando el sol, y tres meses después de haberse verificado los sucesos que acabamos de referir, se hallaba delante de la venta una fuerza de caballería formada, y compuesta como de cuarenta hombres.

Estaban éstos uniformados de un modo singular, llevaban chaqueta negra con botones de acero pintados de negro; pantalones negros, con grandes botas fuertes de cuero *amarillo*, y acicates de acero: sombrero negro de alas muy cortas, sin más adorno que una cinta blanca con este letrero: *Seguridad Pública*. Y en cuanto a las armas, eran: mosquete terciado a la espalda, sable de fuerte empuñadura negra y cubierta de acero. Cada soldado llevaba una *canana* llena de cartuchos en la cintura. Los caballos magníficos, casi todos de color oscuro, las sillas y todo el equipo de una extrema sencillez y sin ningún adorno. Los ponchos negros atados en la grupa.

Casi todos estos soldados parecían jóvenes, muy robustos, y tenían un gran aire marcial; pero su uniforme y su equipo les daban un aspecto lúgubre y que infundía pavor. Parecían fantasmas, y en aquella venta de *La Calavera*, y a aquella hora, en que los objetos iban tomando formas gigantescas, y cerca de aquellos montes solitarios, semejante fila de jinetes, silenciosos y ceñudos, más que tropa, parecía una aparición sepulcral.

El que seguramente era el jefe se hallaba pie a tierra, teniendo su caballo de la brida, y parecía interrogar el horizonte en que se perdía el camino, en espera seguramente de alguno.

Estaba vestido del mismo modo que sus soldados, sólo que, en lugar de botas, tenía chaparreras de chivo *amarillo* y se hallaba abrigado con una especie de esclavina oscura.

A pocos momentos salió de la venta un sujeto ya de edad y bien vestido, que, dirigiéndose a este jefe le preguntó:

—¿No aparecen todavía, don Martín?

—¡Nada, ni su luz! —respondió éste.

Así pues, aquel jefe era Martín Sánchez Chagollán, y aquella era su tropa, uniformada, según los propósitos de su jefe, de color oscuro y sin ningún adorno, por odio a los *plateados*. También por odio a éstos había determinado que los sombreros de sus soldados no tuviesen las faldas anchas, sino al contrario, muy cortas y sin ningún galón.

Martín Sánchez veía con muy mal ojo a todo el que usaba el sombrero adornado de plata, y como sus sospechas iban haciéndose temibles, los sombreros sencillos y oscuros se estaban poniendo de moda por aquellos rumbos, porque eran una especie de salvaguardia.

Sin embargo, todavía en ese tiempo Martín Sánchez estaba muy lejos de llegar a ser el terror de los bandidos y de sus cómplices. Todavía tomaba mil precauciones para sus marchas y sus expediciones, temeroso de ser derrotado; todavía estaba haciendo *pininos*, como él decía. Ya había colgado un buen número de *plateados*, pero ya le habían acusado muchas veces de haber cometido esos abusos para los que no estaba autorizado, pues, como lo hemos dicho, sólo tenía facultades para aprehender a los criminales y consignarlos a los jueces. Pero Martín Sánchez había respondido que no colgaba sino a los que morían peleando, y eso lo hacía para escarmiento.

En esto es muy posible que ocultara algo, y que realmente él fusilara a todo bandido que cogía; pero, como se ve, ni había podido desplegar toda su energía ni tenía los elementos necesarios para hacerlo, pues no contaba más que con aquellos cuarenta hombres y con su resolución.

El sujeto que acababa de dirigirle la palabra y que parecía ser un rico hacendado o comerciante, viendo que no venían las personas a quienes esperaban, dijo:

—Pues, don Martín, supuesto que estos señores no aparecen, si usted no dispone otra cosa, seguiremos nuestra marcha, porque se nos hace tarde y no llegaremos a Morelos a buena hora. Además, el cargamento se ha adelantado mucho, y podría ocurrirle algún accidente.

—Yo creo —respondió Martín— que no hay cuidado por esa parte. Saben que estoy por aquí, y no se han de atrever. Pero este don Nicolás sí me tiene con inquietud. Algo le ha de haber pasado puesto que no llega. Me escribió que saldría de Chalco a la madrugada, debe haber almorzado en Tenango, y ya era hora de que estuviera con nosotros. Es verdad que viene bien acompañado y que además es muy hombre; pero estos malditos son capaces de haberle puesto una emboscada de Tenango acá, aunque yo no tengo noticia de que haya aparecido ninguna partida ayer ni anteayer. Pero usted sabe que los de Ozumba se ponen de acuerdo con los otros, y así hacen sus combinaciones. ¡Pues de veras sentiría yo que le hubiera pasado algo a tan buen amigo! Debí haberme adelantado hasta Juchi o hasta Tenango, pero él me advirtió que donde necesitaba acompañarse conmigo era aquí, porque desde aquí tenía aviso de que esperaban sus enemigos, que han jurado que han de acabar con él, lo mismo que conmigo. Y figúrese usted que el pobre va a casarse, y que ha ido a México a emplear una buena cantidad de dinero en las *donas*, de modo que los malditos, además de matarlo, cogerían una buena suma en alhajas. En fin, dejaré a unos muchachos aquí por si viniere, y nos adelantaremos, porque, en efecto, el cargamento ya ha de ir lejos.

Entonces Martín Sánchez montó a caballo y desfiló con su tropa, acompañado de aquel comerciante y de sus mozos, y dejando unos diez hombres, con orden de acompañar a Nicolás, nuestro conocido, que venía de México.

No bien habían caminado casi una media hora, cuando oyeron tiros, y un arriero corría a escape para encontrarlos, gritándoles que los *plateados* estaban robando el cargamento.

Martín, a la cabeza de su fuerza se avanzó a escape, y momentos después caía sobre los bandidos, que lo recibieron con una lluvia de balas y con una gritería insolente, diciéndole que ése era su último día.

Los jinetes negros hacían prodigios de valor, lo mismo que su jefe, que se lanzaba a lo más fuerte del combate. Pero los *plateados* eran numerosos, estaban mandados por los jefes principales; la tropa de Martín estaba literalmente sitiada: ya seis u ocho de aquellos bravos soldados habían caído y otros comenzaban a cejar; se había empeñado la pelea al arma blanca, y Martín, rodeado de enemigos, se defendía herido desesperadamente, y procurando vender cara su vida, cuando un socorro inesperado vino a salvarlo.

Era Nicolás, que con los diez soldados que le había dejado Martín en *La Calavera*, y con otros diez hombres que traía, habiendo oído el tiroteo, se adelantó a toda carrera y llegó justamente en los momentos de mayor apuro para Martín Sánchez. Aquel valiente y aquella tropa de refresco, produjeron un momento de confusión entre los *plateados*, aun así, eran éstos muy superiores en número y siguieron combatiendo.

Pero Nicolás era hombre de un arrojo irresistible, montaba un caballo soberbio y llevaba excelentes armas. Así es que viendo a Martín Sánchez cercado, se lanzó sobre el grupo, repartiendo tajos y reveses. Ya era tiempo, porque el valiente jefe tenía la espada rota y estaba herido.

El Zarco y el Tigre eran de los que rodeaban a Martín, pero al ver a Nicolás retrocedieron y procuraron huir. El herrero, al reconocer al Zarco, no pudo contener un grito de odio y de triunfo: ¡por fin lo tenía enfrente!

Partió sobre él como un rayo; el bandido, perdido de terror, se salió del combate y se dirigió a un bosquecillo, donde estaban algunas mujeres de los bandidos, a caballo, pero ocultas.

Nicolás alcanzó al Zarco, precisamente al acercarse éste al grupo de mujeres, y allí al tiempo en que el bandido disparaba sobre él su mosquete, le abrió la cabeza de un sablazo y lo dejó tendido en el suelo, después de lo cual volvió al lugar de la pelea, no sin gritar:

—¡Ya está vengada doña Antonia!

Ni oyó siquiera, furioso como estaba, el grito de Manuela, que era una de las mujeres que estaban a caballo, y que le había conocido precisamente en el instante mismo en que hería al Zarco.

La pelea, después de esto, duró poco, porque los bandidos huyeron despavoridos, dejando libre el cargamento.

El sol se había puesto ya enteramente. Avanzaban las sombras, y a la luz crepuscular, Martín Sánchez recogió sus muertos y heridos, lo mismo que los de los *plateados*, operación que le hizo detenerse algunas horas hasta que anocheció completamente.

Entonces temiendo que los *plateados* se rehicieran y volvieran sobre él con todas las ventajas que les daban el número y la oscuridad, determinó que alguno se avanzara rápidamente a Morelos, y pidiera a la autoridad el auxilio de fuerza y las camillas que se necesitaban.

La comisión era peligrosísima; los bandidos no debían estar lejos, y era de temerse una emboscada en el camino.

Sólo un hombre podía desempeñarla, y Martín Sánchez, en aquella angustia, no vaciló en pedir tal sacrificio a Nicolás.

—Señor don Nicolás —le dijo—, sólo usted es capaz de exponerse a ese riesgo, pero acabe usted su obra. Ya nos salvó usted hace un rato. Usted conoce los caminos, tiene buen caballo y es hombre como ninguno. Se lo ruego...

Nicolás partió inmediatamente. Cuando Martín lo vio perderse entre las sombras:

—¡Yo no he visto nunca —dijo— un hombre tan valiente como éste!

—Pero en un descuido lo van a matar por ahí —dijo el comerciante.

—¡Dios ha de querer que no! —replicó Martín Sánchez—. ¿Pero qué quiere usted que hagamos para salir de aquí? No hay más que este recurso. ¡No le ha de suceder nada, ya verá usted! Don Nicolás tiene fortuna. Y es tan bueno...; ¡valía más que me mataran a mí y no a él!

Entre tanto, los soldados que observaban las cercanías de aquel lugar para ver si había aún algunos heridos, volvieron diciendo que cerca, en unos matorrales, estaba llorando una mujer junto a un cadáver.

Don Martín fue en persona a reconocer a esa mujer, que no era otra que Manuela, que no había querido huir con sus compañeras, no por amor al Zarco, a quien creyó muerto al principio, sino por miedo al Tigre, que la hubiera tomado por su cuenta.

Martín examinando el cuerpo se cercioró de que aún respiraba. La herida que recibió el Zarco fue terrible, pero no mortal. El bandido estaba bañado en sangre y era difícil reconocerlo, pero por Manuela se supo que era el Zarco.

Martín Sánchez se estremeció de gozo. Aquel bandido temible y renombrado había caído en su poder.

Iba a colgarlo tan pronto como amaneciera. Desgraciadamente, a la madrugada llegó la autoridad de Morelos con la fuerza y las camillas. Martín le entregó a los bandidos prisioneros y heridos, juntamente con aquella mujer. Nicolás apenas los vio, y Manuela por su parte, no quiso dar la cara de vergüenza y se cubrió la cabeza completamente con su rebozo.

Así marcharon a Morelos, Martín para curarse de sus heridas, que eran graves, lo mismo que sus soldados, continuando Nicolás a Yautepec a fin de preparar su matrimonio.

Manuela, como era natural, presa con su amante, permaneció en la cárcel, incomunicada, y viendo en su imaginación la imagen de Nicolás cada vez más bella.

Capítulo 24

El Presidente Juárez

Martín Sánchez estaba indignado. El partido de los bandoleros aún era muy fuerte y contaba con grandes influencias, tanto en México como en la tierra caliente. La desorganización en que se hallaba el país, en aquel tiempo, era causa de que se viese semejante escándalo.

Los *plateados* contaban con amigos en todas partes, y si un hombre de bien, como lo hemos visto con Nicolás, encontraba difícilmente patrocinio, un bandolero contaba con mil resortes, que ponía en juego tan luego como corría peligro. Y es que, como eran poderosos, y tenían en su mano la vida y los intereses de todos los que poseían algo, se les temía, se les captaba y se conseguía, a cualquier precio, su benevolencia o su amistad.

Mientras que el bravo jefe que exponía su vida en lucha tan desigual, se estaba curando de sus heridas, el Zarco, ya restablecido había logrado por medio de sus protectores, que se le sometiera a juicio y que se le trasladase a Cuernavaca, so pretexto de que en ese distrito había cometido crímenes.

Juzgarlo y trasladarlo era salvarle la vida, encontraría defensores y quizás podría evadirse. Lo mismo se había hecho con los otros bandidos que habían caído heridos o prisioneros en el combate cerca de *La Calavera*. La población de Morelos estaba escandalizada, pero como hechos de esta naturaleza no habían sido, por desgracia, sino muy frecuentes, no pasó de ahí.

Martín Sánchez reflexionó entonces que mientras no se emprendiese en grande la lucha con los bandidos, éstos, por la mancomunidad de intereses que tenían entre sí, habían de favorecerse siempre; que mientras él, Martín, y otros jefes perseguidores no tuviesen facultades como las que tuvo en otro tiempo el famoso Oliveros, había de ser inútil toda persecución, porque sometidos los bandidos al fuero común, habían de encontrar recursos, influencias y dinero para substraerse al castigo. Que mientras no viesen los pueblos abierta la lucha sin cuartel entre la autoridad y los malhechores no habían de decidirse en favor de la primera.

En ese concepto pensó en dar un paso decisivo para saber a qué atenerse; y resolvió ir a México, para apersonarse con el presidente Juárez, darle cuenta con verdad del estado en que se hallaba la tierra caliente, decidirlo en favor de la buena causa y pedirle facultades, armas y apoyo.

Esa resolución se hizo más urgente aun cuando Martín Sánchez supo que, al ser conducido el Zarco con su querida y sus compañeros a Cuernavaca escoltado por una fuerza pequeña y mala, los *plateados* se habían emboscado en el estrecho y escabroso paso llamado *Las Tetillas*, y atacando a la escolta, la desbarataron y libraron a los presos. Así pues, el Zarco había vuelto con sus antiguos compañeros para sembrar de nuevo el terror con sus crímenes en aquella comarca.

Martín Sánchez se dirigió a México, y aunque no contando con ningún valimiento ni reputación, provisto sólo de algunas cartas de amigos del presidente Juárez, se presentó a éste tan pronto como pudo.

Juárez no era entonces el magistrado de autoridad incontestable y aceptada, ante cuya personalidad se inclinaran todos, como lo fue mucho más tarde.

Por aquella época, aunque acababa de triunfar en la famosa guerra de Reforma, luchaba aún con mil dificultades, con mil adversarios, con mil peligros, de que sólo su energía y su fortuna pudieron sacarlo avante.

Las fuerzas clericales, acaudilladas por Márquez, Zuloaga y otros, todavía combatían con encarnizamiento y distraían a las tropas del gobierno ocupadas en perseguirlas.

En el partido liberal surgían para el presidente rivalidades poderosas, aunque, a decir verdad, ellas no constituían el mayor peligro.

El erario estaba en bancarrota, y para colmo de desdichas la invasión extranjera había ya profanado el territorio y los adversarios del gobierno liberal, es decir, la facción reaccionaria y clerical, se unía a los invasores.

Juárez, pues se hallaba en los días de mayor conflicto. Y hemos dicho que, merced a estas circunstancias, los bandidos se habían enseñoreado de la tierra caliente.

Martín Sánchez pensó encontrar en el presidente a un hombre ceñudo y tal vez predispuesto contra él, y se encontró con un hombre frío, impasible, pero atento.

El jefe campesino lo abordó con resolución y le presentó las cartas que traía. El presidente las leyó, y fijando una mirada profunda y escrutadora en Martín Sánchez, le dijo:

—Me escriben aquí algunos amigos, que usted es un hombre de bien y el más a propósito para perseguir a esos malvados que infestan el sur del Estado de México, y a quienes el gobierno por sus atenciones, no ha podido destruir. Infórmeme usted acerca de eso.

Martín Sánchez le dio un informe detallado, que el presidente escuchó con su calma ordinaria; pero que interrumpió a veces con señales de indignación. Al concluir Sánchez, Juárez exclamó:

—¡Eso es un escándalo, y es preciso acabar con él! ¿Qué desea usted para ayudar al gobierno?

Entonces, animado Martín Sánchez por esas frases del presidente, lacónicas como todas las suyas, pero firmes y resueltas, le dijo:

—Lo primero que yo necesito, señor, es que me dé el gobierno facultades para colgar a todos los bandidos que yo coja, y prometo a usted, bajo mi palabra de honor, que no mataré sino a los que lo merecen. Conozco a todos los malhechores, sé quiénes son y los he sentenciado ya, pero después de haber deliberado mucho en mi conciencia. Mi conciencia, señor, es un juez muy justo. No se parece a esos jueces que libran a los malos por dinero o por miedo. Yo ni quiero dinero ni tengo miedo.

Lo segundo que yo necesito, señor, es que usted no dé oídos a ciertas personas que andan por aquí abogando por los *plateados* y presentándolos como sujetos de mérito que han prestado servicios. Desconfíe usted de esos patrones, señor presidente, porque reciben parte de los robos y se enriquecen con ellos. Por aquí hay un señor que usa peluca güera, que toma polvos en caja de oro, y que recibe cada mes un gran sueldo de los bandidos. Ese da pasaportes a los hacendados para que pasen sus cargamentos de azúcar y de aguardiente sin novedad, pagando por supuesto una fuerte contribución. Ese, con el mismo dinero de los *plateados*, se procura influencias y nombra autoridades en la tierra caliente, y liberta a los presos, como liberó al Zarco, el otro día, un ladrón y un asesino que merecía la horca. Ese, por fin, es el verdadero capitán de los plagiarios, que vive de los robos y sin arriesgar nada, y ese, si yo lo viera por mi rumbo, aunque me costara la vida después, iba a dar a la rama de un árbol, amarrados por el pescuezo.

—¿Quién es ese sujeto? —preguntó Juárez impaciente. Martín Sánchez le alargó unas cartas, y le dijo:

—Ahí está el nombre disfrazado, pero por las señas usted lo conocerá.

—Bueno —replicó Juárez, después de leer las cartas y guardándolas en seguida—, no tenga usted cuidado por él; ya no libertará a ninguno. ¿Qué más desea usted?

—Armas, nada más, armas, porque no tengo sino unas cuantas. No necesito muchas, porque yo se las quitaré a los bandidos, pero para empezar, necesitaré cien más.

—Cuente usted con ellas. Mañana venga usted al Ministerio de la Guerra y tendrá usted todo. Pero usted me limpiará de ladrones ese rumbo.

—Lo dejaré, señor, en orden.

—Bueno, y hará usted un servicio patriótico, porque hoy es necesario que el gobierno no se distraiga para pensar sólo en la guerra extranjera y en salvar la independencia nacional.

—Confíe usted en mí, señor presidente.

—Y mucha conciencia, señor Sánchez; usted lleva facultades extraordinarias pero siempre con la condición de que debe usted obrar con justicia, la justicia ante todo. Sólo la necesidad puede obligarnos a usar de estas facultades, que traen tan grande responsabilidad, pero yo sé a quién se las doy. No haga usted que me arrepienta.

—Me manda usted fusilar si no obro con justicia —dijo Martín; Juárez se levantó y alargó la mano al terrible justiciero.

Al ver a aquellos dos hombres pequeños de estatura, el uno frente al otro, el uno de frac negro, como acostumbraba entonces Juárez, el otro de chaquetón también negro; el uno moreno y con el tino de indio puro, y el otro amarillento, con el tipo del mestizo y del campesino; los dos serios, los dos graves, cualquiera que hubiera leído un poco en lo futuro se habría estremecido. Era la ley de la salud pública armando a la honradez con el rayo de la muerte.

Capítulo 25

El albazo

A pocos días de esta entrevista y en una mañana de diciembre, templada y dulce en la tierra caliente como una mañana primaveral, el pueblo de Yautepec se despertaba alborozado y alegre, como para una fiesta.

Y en efecto, esperaba una fiesta; no una fiesta religiosa, ni pública, sino una fiesta de familia, una fiesta íntima, pero en la que tomaba parte la población entera.

Nicolás, el honradísimo herrero de Atlihuayan, se casaba con la buena y bella Pilar, la perla del pueblo por su carácter, por su hermosura y sus virtudes.

Y como sabemos, estos dos jóvenes eran muy amados por sus compatriotas.

Así es que festejaban su enlace con toda solemnidad. Desde muy temprano, desde que la luz del alba había extendido en el cielo, limpio de nubes, y sobre las montañas, las huertas y el caserío, su manto aperlado y suave, los repiques a vuelo, en el campanario de la iglesia parroquial, habían despertado a los vecinos; la música del pueblo tocaba alegres sonatas, y los petardos y las cámaras habían anunciado la misa nupcial.

Nicolás era humilde y no había deseado tanto ruido, pero las autoridades, el cura, los vecinos, habían querido demostrar así al estimable obrero y a su bella esposa el amor con que los veían. La iglesia, los altares, y especialmente el altar mayor, en que iba a celebrarse el casamiento, estaban llenos de arcos y de ramilletes de flores. Todos los naranjos y limoneros de Yautepec, y se cuentan por centenares de miles, habían dado su contribución de azahares. Sin exageración podía decirse que ninguna novia en el mundo había contado jamás, en el camino de su casa a la iglesia, en ésta, y en la casita que se le había dispuesto en Atlihuayan, con un adorno en que se ostentara la flor simbólica con tal riqueza y tal profusión. Era una lluvia de nieve y de aroma que rodeaba a la pareja por todas partes. A las siete de la mañana, ésta apareció radiante en la puerta de la casa de Pilar y se dirigió a la iglesia, acompañada de sus padrinos y de una comitiva numerosa.

Ya la noche anterior se había celebrado el matrimonio civil, delante del juez recién nombrado, porque la ley de Reforma acababa de establecerse, y en Yautepec como en todos los pueblos de la República, estaba siendo una novedad. Nicolás, buen ciudadano, ante todo, se había conformado a ella con sincero acatamiento.

Pero todavía en ese tiempo, como ahora mismo, la fiesta de bodas se reservaba para el matrimonio religioso. Los novios, pues, se presentaron ante el altar.

Nicolás, vestido con esmero, aunque sin ostentación, manifestaba en el semblante una alegría sincera, un sentimiento de felicidad tanto más verdadero, cuanto que se cubría con un exterior grave y dulce. Pilar estaba encantadora: su belleza natural estaba realzada ahora por su traje blanco y elegante, por su peinado de cabellos negros y sedosos, adornados con la corona nupcial, aquella corona que ella se complacía siempre en formar con el mayor gusto, no sabiendo todavía, como decía ella, si le serviría para su tocado de esposa o para su tocado de virgen muerta.

Ya estaba viendo que servía para lo primero, y que un espíritu bueno y protector le había augurado siempre su feliz destino. Apenas lo creía; había en sus ojos dulcísimos y lánguidos, algo como el reflejo de una visión celeste que le daba un aspecto de santa, una mirada angelical.

El rubor natural causado por aquel momento y por ser el objeto de las miradas de todos, la timidez, el amor, aquel concurso, aquel altar lleno de cirios y de flores, la voz del órgano, el murmullo de los rezos, el incienso que llenaba la nave, todo había producido en ella tales y tan diversas emociones, que parecía como arrebatada a un mundo extraño, al mundo de los sueños y de la dicha.

Con todo, y a pesar del aturdimiento que la embargaba, aquella buena joven tuvo un pensamiento para la pobre anciana a quien había amado como a una madre, para la infeliz mártir cuyo luto acababa de llevar y cuyas bendiciones la protegían. Una lágrima de ternura inundó sus mejillas al recordarla, y al recordar también a la desdichada Manuela, por quien oró en aquel momento en que era tan feliz.

Por fin la misa acabó, y los novios, después de recibir los plácemes de sus amigos y de todo el pueblo, se dispusieron a partir a la hacienda de Atlihuayan, en donde tenían su casa, a la que habían invitado a muchas personas de su estimación para tomar parte en un modesto festín.

Al efecto se dispuso una cabalgata que debía servir de cortejo al *guayín* en que caminaban los esposos, con el cura y otros amigos.

Y a las ocho de la mañana partieron, y comenzaron a caminar por la carretera que conduce a la hacienda.

Pero poco antes de llegar al lugar en que se alzaba el gran *amate* en que siempre cantaba el búho, las noches en que pasaba el Zarco, cuando venía a sus entrevistas con Manuela, la comitiva se detuvo estupefacta.

Al pie del corpulento árbol estaba formada una tropa de caballería, vestida de negro y con las armas preparadas.

Nadie esperaba ver allí a esa fuerza, que se aparecía como salida de la tierra. ¿Qué podía ser?

Era la tropa de Martín Sánchez Chagollán, como cien hombres y con el aspecto lúgubre y terrible que les conocemos.

Al descubrir el cortejo nupcial, alegre y acompañado de la música, el comandante, es decir, Martín Sánchez, se adelantó hasta donde venía el *guayín* de los novios, y quitándose el sombrero respetuosamente, dijo a Nicolás:

—Buenos días, amigo don Nicolás: no esperaba usted verme por aquí ni yo esperaba tener el gusto de saludar a usted y de desearle mil felicidades, lo mismo que a la señora, que es un ángel. Ya le explicaré el motivo de mi presencia aquí. Ahora mi tropa va a presentar las armas en señal de respeto y de cariño, y yo le ruego a usted que continúe sin parar hasta la hacienda. Allá iré yo después.

Tenía Martín Sánchez tal aspecto de serenidad y de franqueza que Nicolás no sospechó nada sinieslro. Así es que se contentó con darle un apretón de manos, y con presentarle a su esposa y a las demás personas del *guayín*.

Pero en esto una mujer, una joven en quien todos reconocieron luego a Manuela, se abrió paso entre la fila de los jinetes y vino corriendo, arrastrándose, desmelenada, desencajada, temblando, pudiendo apenas hablar, yasiéndose de las puertas del *guayín*, dijo con la voz enronquecida y con palabras entrecortadas:

—¡Nicolás! ¡Nicolás! ¡Pilar, hermana!... ¡Socorro! ¡Misericordia! ¡Tengan piedad de mí!... ¡Perdón! ¡Perdón!

Nicolás y Pilar se quedaron helados de espanto.

—Pero, ¿qué es eso?... ¿Qué tienes? —gritó Pilar.

—Es que... —dijo Manuela— es que... ahorita lo van a fusilar... al Zarco; allí está amarrado, tapado con los caballos..., lo van a matar delante de mí! ¡Perdón! ¡Perdón, don Martín! ¡Perdón, Nicolás!... ¡Ah, me vaya volver loca!...

En efecto, la fila de jinetes enlutados ocultaba un cuadro estrecho en el centro del cual, y sentados en una piedra y bien amarrados, y lívidos y desfallecidos, estaban el Zarco y el Tigre, próximos a ser ejecutados. Martín Sánchez, al ver la comitiva y previendo que podría ser la comitiva de Nicolás, había querido ocultar a los bandidos para ahorrar este espectáculo a lós novios.

—Si yo hubiera sabido que ustedes venían para acá, a esta hora, crea usted, don Nicolás, que me habría yo llevado a estos pícaros para otra parte; pero no lo sabía. Lo que sí sabía yo, y por eso me tiene usted aquí, es que lo esperaban a usted estos malvados con su gente y que se ha escapado usted de buena. Lo supe a tiempo, anduve dieciséis leguas, y les di un *albazo* esta mañana, por aquí cerca...; los he matado a casi todos, pero vengo a colgar a los capitanes en este camino; al Zarco aquí, al Tigre lo voy a colgar en Xochimancas.

—Pero don Martín, yo le ruego a usted por quien es... que si puede, perdone a ese hombre siquiera por esta pobre mujer.

—Don Nicolás —respondió ceñudo el comandante—, usted es mi señor, usted me manda, por usted doy la vida, pídamela usted y es suya, pero no me pida usted que perdone a ningún bandido y menos a estos dos... Señor, usted sabe quiénes son...; asesinos como estos y plagiarios no los hay en toda la tierra. ¡Si no pagan con una vida!... ¡Y lo iban a matar a usted!... ¡Lo habían jurado! ¡Y se iban a robar a la señora, a su esposa de usted! Ese era el plan. ¡Conque dígame usted si es posible que yo los deje con vida! Señor don Nicolás, siga usted su camino con todos estos señores, y déjeme que yo haga justicia.

Pilar estaba temblando. En cuanto a Manuela, por un rapto de locura, había corrido ya al lado del Zarco y se había abrazado de él y seguía gritando palabras incoherentes.

—Siquiera nos llevaremos a Manuela —dijo Pilar.

—Si ustedes quieren, pueden llevársela, pero esa muchacha es una malvada; acabo de quitarle un saco en que tenía las alhajas de los ingleses que mataron en Alpuyeca..., ¡alhajas muy ricas!, ¡no merece compasión!

Sin embargo, por orden de Martín Sánchez, un soldado procuró arrancar a la joven del lado del Zarco, a quien tenía abrazado estrechamente, pero fue en vano. El Zarco le dijo:

—¡No me dejes, Manuelita, no me dejes!

—¡No —respondió Manuela—, moriré contigo!... Prefiero morir a ver a Pilar con su corona de flor de naranjo al lado de Nicolás, el indio herrero a quien dejé por ti...

—Vámonos —dijeron el cura y los demás vecinos despavoridos—. Esto no tiene remedio.

Pilar se puso a sollozar amargamente; Nicolás se despidió de Martín Sánchez.

—Señor cura, usted puede quedarse. Éstos han de querer confesarse, tal vez.

—Sí, me quedaré —dijo el cura—, es mi deber.

Y la comitiva nupcial, antes tan alegre, partió como una procesión mortuoria y apresuradamente.

Cuando se había perdido a lo lejos, y no había quedado ya ningún rezagado en el camino, Martín Sánchez preguntó al Zarco y al Tigre si querían confesarse.

El Zarco dijo que sí y el cura lo oyó pronto y lo absolvió; pero el Tigre dijo a Martín:

—¿Pero, yo también voy a morir, don Martín?

—Tú también —respondió éste con terrible tranquilidad.

—¿Yo? —insistió el Tigre—, ¿yo que le di a usted el aviso para que viniera, y que le dije a usted de las señas del camino que seguíamos, y que le avisé que tendría yo un pañuelo colorado en el sombrero para que me distinguiera?

—Nada tengo que ver con eso —respondió Martín—. Yo nada te prometí; peor para ti si fuiste traidor con los tuyos. Vamos, muchachos, fusilen al Zarco y después cuélguenlo de esa rama...; véndenlo primero...

El Zarco apenas podía tenerse en pie; el terror lo había abatido. Con todo, alzó la cara, y viendo la rama de que colgaban ya los soldados una reata, murmuró:

—¡La rama en que cantaba el *tecolote*!... ¡Bien lo decía yo!... ¡Adiós, Manuelita!

Manuela se cubrió la cara con las manos. Los soldados arrimaron al Zarco junto al tronco y dispararon sobre él cinco tiros, y el de gracia. Humeó un poco la ropa, saltaron los sesos, y el cuerpo del Zarco rodó por el suelo con ligeras convulsiones. Después fue colgado en la rama, y quedó balanceándose allí. Manuela pareció despertar de un sueño. Se levantó, y sin ver el cadáver de su amante, que estaba pendiente, comenzó a gritar como si aún tuviese delante el *guayín* de los desposados:

—¡Sí, déjate esa corona, Pilar; tú quieres casarte con el indio herrero; pero yo soy la que tengo la corona de rosas... ¡yo no quiero casarme, yo quiero ser la querida del Zarco, un ladrón!...

En esto alzó la cabeza; vio el cuerpo colgado... después contempló a los soldados, que la veían con lástima, luego a don Martín, luego al Tigre, que estaba inclinado y mudo, y después se llevó las manos al corazón, dio un grito agudo y cayó al suelo.

—¡Pobre mujer —dijo don Martín—, se ha vuelto loca! Levántenla y la llevaremos a Yautepec.

Dos soldados fueron a levantarla, pero viendo que arrojaba sangre por la boca, y que estaba rígida y que se iba enfriando, dijeron al jefe:

—¡Don Martín, ya está muerta!

—Pues a enterrarla —dijo Martín con aire sombrío—, y vámonos a concluir la tarea.

Y desfiló la terrible tropa lúgubre.

Fin

Made in the USA
Coppell, TX
14 December 2023

26174083R00087